JN440066

빠스각 빠스스각

빠스각
빠스스각

김동원 시집

그루

시인의 말

소리의 끌로 시문을 새겼다. 그림자의 고뇌하는 어둠을 보았다. 그 울음의 시문을 따라가다 천지가 불인함을 알았다. 흰 눈과 흰 눈 사이 월검月劍이 비쳤다. 무無를 베고 있었다. 일체가 나타났다 지워지는 환이었다. 내게 시는 병의 문을 열고 바라본 앞마당 가득 핀 꽃의 이야기요, 피의 이야기이다. 하여, 시는 '천하에 천하를 감추는 작업(若夫藏天下於天下, 장자)임을 알겠다. 간절히 묻고 또 물었다. 세상을 향해 가장 아파하는 자만이, 아름다운 시를 얻는다 하였다.

2022년 봄

무학산 시락당詩樂堂에서

 차례

시와 사유 · 하나

말이 있어 천하가 열린다. 하늘이란 말이 있어 하늘이 있게 되고, 땅이라는 말이 있어 땅이 있게 된다. 산이 있고 물이 있고 나무가 있고 풀이 있어 만물이 있게 된다. 이렇게 말이 있어 세상이 열리고 존재하는 것이 생겨나(드러나) 우리 앞에 마주 선다. '유명有名'의 세계를 통해 있고 없음(무명無名)의 유·무가 생겨나고, 고하·장단이 있게 되고, 전후·좌우가 있게 된다. 아름답고 추한 것, 선한 것과 악한 것, 어렵고 쉬운 것이 있는가 하면 음音과 성聲이 있게 된다. 이 모든 것은 말이 있어 있게 된다. 말은 표현으로서 가지는 의미체로 존재한다. 모든 존재하는 것은 다 드러나 있는 의미체이다. 그러므로 존재하는 모든 만물은 곧 말이다. 말은 의미의 세계이며 존재자는 의미로 존재한다. 그 의미로서 존재하는 것을 만물이라고 한다. 의미 아닌 것으로 존재하는 것은 없다. 이 세계는 말, 곧 언어 안에서만 모든 것을 문제 삼을 수 있다. 그리고 언어 밖의 것을 언어 안으로 끌어들일 때, 그 언어(존재)의 문제는 언어 밖의 것과는 무관하다는 것을 말하고 있다.

송항룡 『노자를 이렇게 읽었다』 1장 p.15, 2장 p.23

제1부

말귀

말귀

매화 꽃잎은 천천히 허공을 여네. 말귀는 열어 두고, 찻산 속에 향을 머금네. 대숲 바람이 눕는 사이, 부드럽게 모음이 구르네. 말은 오므라드네, 아니, 벌어지네. 그래, 그래, 조여지는 말의 체위. 달빛은 바람의 살을 핥고 있네.

구름은 또, 허공의 귓등 새로 말이 흐르네.

색의 자음들이 올라타네. 홍紅, 홍紅, 홍紅, 베갯머리에선 색 쓰는 소리가 깊네. 노랑 말귀를 알아듣는 노란 단풍. 산이 풀리고 노을이 닫히고, 사이사이 말귀가 트이네. 겨울 눈 내리고 봄꽃 피고, 돌아보니, 문득, 말들이 사라지고 없네.

빠스각 빠스스각

꽃 속엔 거울이 보고 있었네

그렁그렁 눈물이 맺혔네

어둠이 내리면 사라져 버릴

이상한 일이었네

잃어버린 사랑이 와 있었네

목걸이와 루주와 반지는

바람의 손톱에서 자랐네

그 겨울 흰 눈의 이야기들이

빠스각 빠스스각 쏟아져 나왔네

그녀는 붉은 목소리로 말했네

폭설 속 메아리가 묻히기 전까지,

가슴속 흐르는 물소리가 들렸네

꽃 속엔 거울이 누워 있었네

월광 소나타

밤 바다를 밟고 보름달이 떠 있었네

그 아래 꿇어앉아 그녀에게 청혼을 했네

그녀는 수평선에 손을 얹어

월광 소나타를 쳤네

바람과 바람은 물안개 속에서

미친 듯 서로를 탐했네

아, 그때 왜 꿈속에서 그 소리가 들렸을까

안 돼, 안 돼, 안 돼, 돌아와……

물결은 멀어지는 달빛에게 외쳤네

눈 깜짝할 새, 그녀는 물속에 잠겼네

하몽하몽

흐르는 재즈의 몸속에 붉은 단풍이 번지고

촛불 곁엔 푸른 암고양이가 야옹거리고,

유리벽에 빗물이 타고 흘러내린다고 상상해 봐

노란 우산을 들고 그녀가 몸을 찢고 걸어 나올 거야

노을은 천 개의 손가락, 피아노의 건반을 두드리고

하몽하몽 퍼지는 입술은 붉은 입술을 포개고

가을 침대에 누워 구름을 유혹한다고 떠올려 봐

샤또 마르고에 취해 샤갈의 염소들이 첼로를 켤 거야

폭설이 내리는 그녀의 무릎 위에 꽃잎은 쌓이고, 쌓이고……

환상곡

우리는 푸른 바람에 손을 넣고 있었네

그는 시간을 잡는다고 했네

어디로 간 걸까, 그 얼굴들은

감쪽같이 어둠에 스며들었네

트럼펫을 불어라!

노을 지는 서쪽 바다에 서서

남자여, 미쳐 버려라!

춤추고, 노래하고, 취하라, 여자여!

물 위에 꽃잎이 떨어지고 있었네

피아노에 칸나가 핀다고 했네

아무도 그를 보지 못했네

그 저녁 모두 어디론가 가고 있었네

미완성

네 그렇게 올 줄 알았다

장미는 너를 베었고

그녀는 피를 묻혔다

달빛에 젖은 건

기껏, 색色이었더냐

몸이 칼을 받는구나

늑골에 물이 괴었다

또 귀鬼가 보이는구나

쓸어 버려라, 바람아!

네 그렇게 갈 줄 알았다

불길보다 더 빨리 타올라

관棺을 덮으리라

어둠 속 손을 넣은 자者,

오, 발목이 잘린 시여!

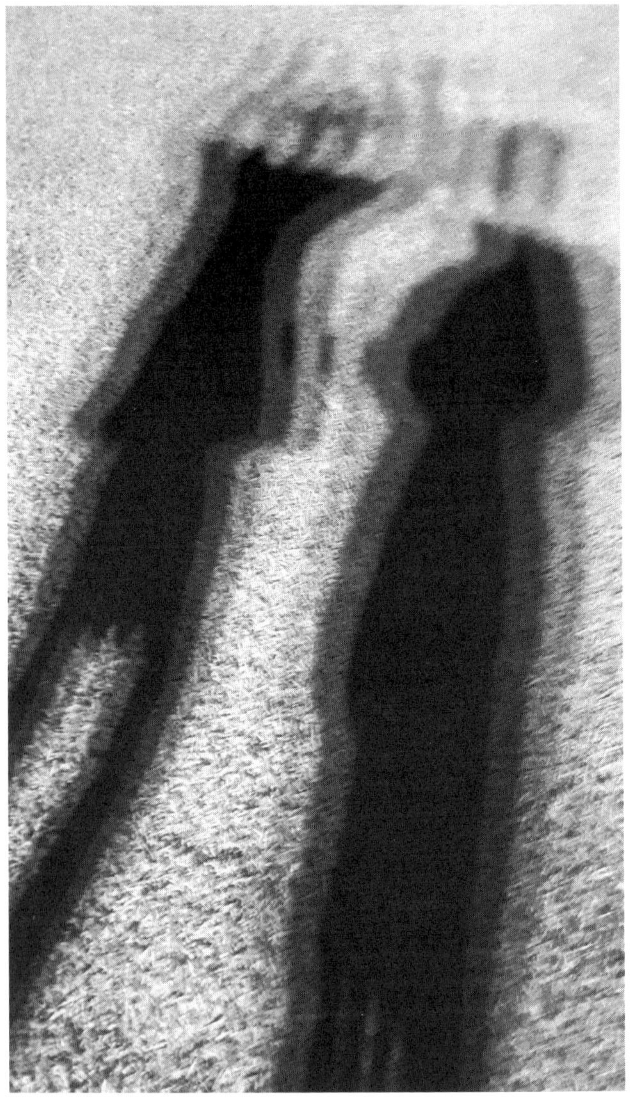

시와 사유 · 두울

시의 언어가 생각을 빠져나갈 수 있는 것은 그것이 몸을 가지기 때문이다. 몸은 생각을 놓치게 되어 있다. 생각과 멀어지게 되어 있다. 시는 언어가 몸을 만드는 과정이다. 이 몸이 어떠한 방향으로 움직일지는 예단할 수 없다. 시는 오직 스스로 움직이는 자생의 몸인 까닭이다.

표현하는 것이 아니라 근접한다. 언어는 사물을 표현하지 않는다. 사물을 이해하는 것이 아니며 사물을 덮을 수도 없다. 언어는 권능적이지 않으며 반대로 흠이 많고 구멍이 숭숭 뚫려 있어서 무언가를 잘 포괄하지 못한다. 사물을 조이거나 건져내지 못한다. 언어의 부실함과 미숙함은 사물과 결합하지 못하게 하고, 사물에 한없이 다가서도록 만들 뿐이다. 그리하여 언어가 사물을 표현하는 것이 아니라 사물에 근접해 가는 것이라 해야 한다. 이 과정에서 사물이 언어에 어른거린다. 언어가 너무 과격한 운동을 하면 어른거림이 흔들려 깨진다. 바로 시에서의 추상이다. 추상은 시인이 언어에 너무 많은 권능을 부여한 결과이다. 시인이 언어를 끌고 다닌 것이다. 시인이 한 발자국 물러서고, 사물의 어른거림을 유지하면서 언어가 아슬아슬하게 앞으로 나아가는 것이 시다.

이수명 시론집 『표면의 시학』 p.16, 19

제 2 부

달맞이꽃

달맞이꽃

그 밤 열쇠를 들고 급히 차를 몰고 나갔는데, 곧 돌아온다고 했는데, 막막했는데…, 너무 붉어 보이지 않았는데, 캄캄한 길 밖에서 혼자 서 있었는데……,

그때 왜 눈물이 흐억 흐억 흐억 솟구쳐 올랐는지 몰라

해가 넘어갔는데, 어디에서 분명 잃어버렸는데, 명치끝이 너무 아파 한밤중 짐승처럼 발버둥 쳤는데……,

흰 눈과 흰 눈 사이에 그녀가 서 있었는데, 몸이 없어도 꼭 온다고 했는데…, 철컥, 철컥, 철컥, 겨울은 또 어쩌자고, 빈 차고에 우두커니 앉아 있는지 몰라

칸나

거울 속 꽃은 지는데,

첼로를 타고 카루소는 흐르고

흑 흑 흑, 왜 우는 거야, 바람

돌아보면 부서져 버릴 사랑

칸나, 칸나, 칸나

불이 붙어 다 타 버리라지, 뭐

거울 속 꽃은 지는데,

흑, 흑, 왜 우는 거야 바람

첼로를 타고 카루소는 흐르고

빨강, 미쳐 버리라지, 뭐

칸나, 칸나, 칸나

붉은 라인은 왜 그리 외로운 거야

꽃대에 젖어 빗물은 흐르는데,

흑 흑 흑, 왜 우는 거야 바람

바람과 바람 사이 그녀가 서 있었네

물속에 든 노을은 꽃이었네

배를 타고 천상을 건너자고

약속했건만, 그녀는 먼저 흰 연꽃이 되었네

어둠 속에서 우리의 사랑은 잠들었네

바람과 바람 사이 그녀가 서 있었네

두 눈 속엔 눈물이 고여 흔들렸네

붉은 장미 속에서 숨을 거뒀을 때,

비가 되어 꼭 다시 온다고 말했네

천년을 지나서 그녀에게 가네

물속에 든 노을은 꽃이었네

흰 몸

그믐달은 마스크를 끼었다

음압 병상에 누운

흰 몸을 비추고 있다

아무도 손을 만지지 않는다

마스크와 마스크만, 다급히

복도에 흘러 다닌다

거친 숨소리 병동에 갇혀 흔들릴 뿐,

눈짓과 눈짓 사이

흰 몸이 떨어지고 있다

환幻

자꾸만 들려요, 그 여자 사이사이

봄, 그게 뭐예요

몸에 핀 모란은 또 뭐예요

붉은 은유는

휘파람새가 다 먹은 거죠

제발 숨을 쉬어요, 우리

초록에 속으면 안 되는 거잖아요

뭐, 뭐, 뭐, 뭐야

곧 사라진다니까, 이 바보야!

그래도, 겨드랑이가 간지러운 거죠

그런 눈빛으로 보지 말라니까요

아지랑이 입술은 뱉어 버리세요, 제발

노랑 분홍 하양,

아랫도리 생피 쏟은 거죠 꽃!

입술과 달

이리 와요,

가까이 더 가까이, 내 눈 속에

문이 열릴 때까지요

흠, 흠, 이래도 되나요, 빨강

입술을 다 먹어 치울 것 같네요

불은 처음 지펴 보는 거죠

푸훗, 남자는 떠다니는 바람이랬죠

흔들리는 그 눈물 사이사이

노을을 안은 남자가 좋아요

수평선 속으로 이내 잠기거든요

이리 와요,

가까이 더 가까이, 내 눈 속에

달이 뜨려나 봐요

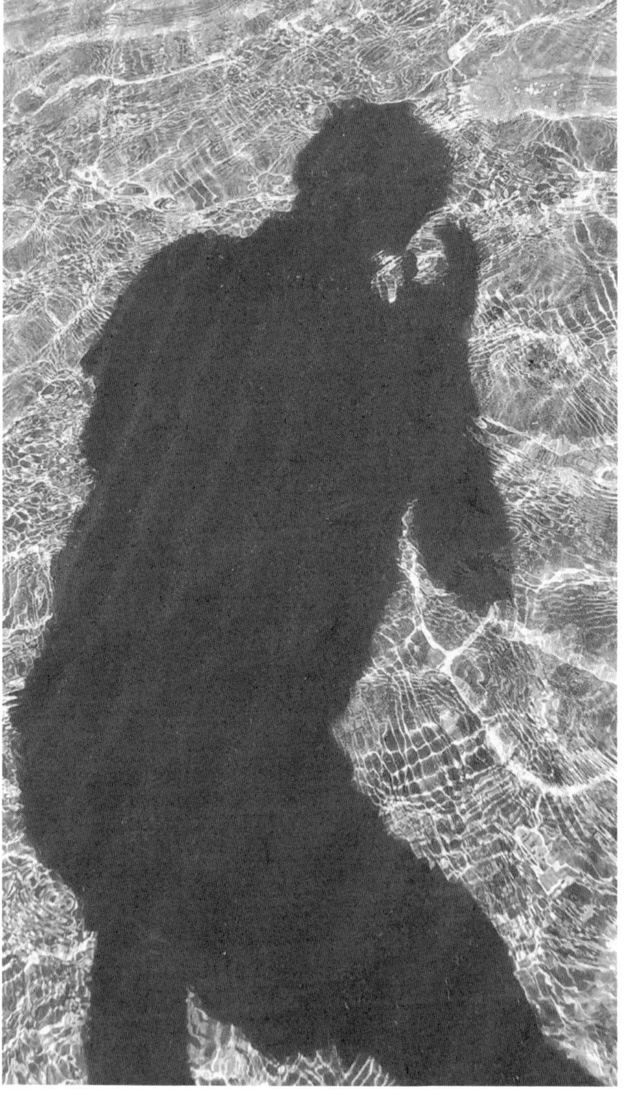

시와 사유 · 세엣

명사, 형용사, 동사 등, 이 언어의 원형의 위대한 삼위일체는 그 때 또 다른 삼위일체—깊이, 투명함, 움직임—를 표현한다. 이는 또한 보들레르적 존재 그 자체의 삼위일체이기도 하다. 명사는 깊이를 채운다. 심연의 허공에 실체의 뜨거운 충만함을 대치함으로 해서 그것에 두께와 농도를 준다. 심연으로부터 명사는 심연의 마력과 신성한 수직성, 그리고 심연의 현기증과 울림의 능력을 유지시키면서 그러나 심연을 두려움으로부터 비운다. 그것은 명사 그 자신이 의미의 표면과 정확하고 매우 인간적인 의미에 이를 수 있기 때문이다. 이 의미를 형용사는 증발시켜 빛나게 만든다. 형용사는 명사의 주변에 부동의 떨림의 훈영을 배치시킨다. 또한 형용사는 명사들을 이상적인 장점들로 희미하게 하면서 명사의 투명성과 집중력을 인간화시킨다. 그때 이 장점들은 말에서 말로 펼쳐지고, 서로서로 미끄러져 들어가며, 물질 하나하나에 민감한 칠과 층, 그리고 지속성을 바른다. 이것이 상응Correspondence을 가능케 해 준다.

장 폴 리샤르 / 윤영애 역 『시와 깊이』 중에서

제3부 앰뷸런스

꽃샘 은유

반드시 나올 건 나온다니까 겨울바람아! 붉은 매니큐어 좀 칠해 줘. 아니, 매화 눈썹에 흰 눈은 털어야지. 은유, 너 참 곱다. 매발톱 자줏빛 구두 신고 너부터 먼저 나오랬지. 아니, 산안개는 흩어지라니까. 어, 어, 어, 너 또 왼쪽으로 기우네. 웃기시네, 누가 누굴 꺼지라고 그래? 입 닥쳐! 노을, 구름 위에 분홍 물감이나 풀라니까. 미친놈, 얼음장 밑에서 쥐 죽은 듯 일이나 하라니까. 봄, 너 꼰대야 뭐야? 그딴 식으로 말하지 말랬잖아요. 이 와중에 나비는 왜 노란 띠를 매고 광장에서 나풀거리고 있는 거야. 어이, 어이, 나온 것들은 무대 뒤로 제발 사라져 주라! 휘파람새 말고, 오른쪽 너 명주바람, 물속 은사시나무 위 까치 소리 좀 꺼라. 아니, 보름 달빛은 켜 둬야지. 아니 아니, 밤하늘 샛별은 매달라니까. 그래, 그래 그래, 반드시 들어갈 것들은 들어간다니까!

앰뷸런스

오늘 하루가 이 지상에서

그냥 흘러가도 되는 줄 알았다

너를 만나기 전엔,

오늘 하루가 이 세상에서

가장 지루한 날인 줄 알았다

너를 만나기 전엔,

저 길거리에 봄이 그냥 오는 줄 알았다

그냥, 매화가 피고

그냥, 목련 꽃잎이 떨어지고

아까운 목숨들이 간밤에 사라져 가도,

음압 병실에 실려 가는

그 다급한 앰뷸런스 소리를 듣기 전,

오늘 하루는

마음대로 쓰다 버리는 몸인 줄 알았다

한 번도 절실하게 별을 쳐다보지 못한 눈빛

너를 만난 후,

39.5℃의 열에 들떠 어둠 속 허우적거려야만,

사랑하는 사람들을 다시, 볼 수 있다는 것을 알았다

이 시인 놈아

닥쳐요, 잊히면 좀 어때요

진짜 시인이라면 구름에게 명령해요

입금 좀 제때 하라고요

집세가 없어요, 여보!

제발 노을에게 부탁이라도 해 봐요, 우리

넷이서 밤마다 보름달만 뜯어 먹을 순 없잖아요

달무리라도 덮고 실컷 울고 싶어요

당신이야 장미 년, 모란 년, 매화 년

끌어안고, 행간 속에 들어가면 그만이지만,

시인의 아내는 뭐예요

그만, 그만, 내일 바람이 송금한다는

허황한 그딴 소린, 집어치워요. 제발!

빈말이라도, 돈 좀 줘 봐라,

이 시인 놈아!

월검月劍

그 밤 피가 내렸다, 시여!

천년을 돌아서

내 분홍 여인을 지키기 위해,

비슬산 절벽 위에서

월검月劍을 잡았다

오오, 오오오, 피바람 속에

흩어져 떼로 몰려들던 귀鬼들!

그 어둠 속 뎅겅, 뎅겅, 뎅겅, 뎅겅,

수천의 목을 베었다

시여, 그 밤 피가 내렸다!

화전花煎

어머니 또 그러신다

“허리뼈가 아파야” 그러신다

궂은 날엔 “화전花煎이라도 한 점 먹어 봤으면” 자꾸 그러신다

봄비 새로 나는 흐르는데……,

자꾸 자꾸 돌아보며 “아파야” 그러신다

사다리를 타고 올라간 불안

얘야, 사다리를 타고 올라가야 한단다
해를 먹고 있다
깜짝, 아버지 목소리에 놀라

아버지,
웬 사다리예요?
물어보려 했지만, 입술에 붉은 살점이 달라붙어
떨어지지 않았지

불안, 불안,
불안, 불안, 불안, 불안

바다 복판에 엄마와 네 살 나를 내려놓고
마흔 아버지, 자꾸
얘야, 사다리를 타고 올라가야 한단다, 올라가야 한단다,

비는 퍼붓고,
관棺은 물속에서 곤두박질치고,

다들 돌아가서 좋겠다
물 위에서 나는 아직 두 발로 딛고 서 있는데,

얘야, 사다리를 타고 올라가야 한단다
해를 먹고 있다
깜짝, 아버지 목소리에 놀라

아버지,
웬 사다리예요?
물어보려 했지만, 입술에 붉은 살점이 달라붙어
떨어지지 않았지

시와 사유 · 네엣

상징계에 진입하면서 인간은 사물과 자연에서 소외된다. "타살된 자연, 타살된 사물, 타살된 육체는 타살의 주역인 상징 질서와 뛰어넘을 수 없는 간극을 형성한다. 이것이 주체의 분열의 시작이다. 다시 말해서 라캉의 경우, 주체의 분열은 언어에 의해서, 언어를 통해서만 이루어진다." 주체는 언어를 받아들이면서 존재의 세계에서 멀어져 상징 질서가 엮어내는 의미의 세계에서 살게 되는 것이다. 이 단계에서 "(은유적)의미의 창조, 본능의 추방, 무의식의 형성, 상징 질서나 대타자 속에 주체의 탄생, 욕망의 출현" 등이 일어난다. 시의 주체는 언술의 주체라는 점에서 처음부터 상징적인 단계에 진입한 주체다. 주체를 검토하게 되면, 시적 언술의 표면(시의 의식)과 이면(시의 무의식)을 두루 검토할 수 있을 것이다. 무의식이 언어의 전제조건이 아니고, 언어가 무의식의 전제 조건이다. 따라서 주체를 통해 시에 접근하면 시적 의식과 무의식을 동시에 살필 수 있을 것이다. 주체가 처음부터 구조의 결여와 빈틈으로 출현했기 때문이다. 자아는 주체의 거울 이미지에 불과하다.

권혁웅 『시론詩論』 p.37

제4부 시검詩劍

누설

추웠더냐, 얘야!

모란 신방으로 내려가는 우물 속으로

이별은 찾아온다고 하지 않았더냐

노을로 손목은 왜 그었느냐

물속 피가 번지면

천형이 내린다 하지 않았더냐

옷이라도 입혀 보낼걸,

왜 그리 모란을 따라갔느냐, 얘야!

시검詩劍

천하를 갖고 싶으냐!

쉬지 말고 광활한 초원에 말을 달려라

칼을 쳐들고 불의 행간을 뚫어라

아무도 흔적을 남길 수 없구나

바람만 칼끝을 보고 있다

눈을 파내어라, 귀를 묻으라

직유는 결코 혼자 죽지 않는다

귀신도 모르게 은유를 쳐내는구나

불이 내렸도다!

시시각각 말은 휘황찬란하구나

말이 말을 닫으니 일어나는 말이 없구나

달려도 달려도 이미 와 있는 말

검劍을 찾을 자者 영원히 없을지니,

무無를 베라, 천지 사방 색色을 베라

무덤은 산 자들의 퇴고가 아니냐

정녕, 천하를 갖고 싶으냐,

번개처럼 단칼에 놈의 목을 베라

독참獨參

물속에 앉아 바람은 길렀다더냐

발가락을 타고 백해를 넘었답니다

쏟아지는 금빛 종소리는 만졌다더냐

불탄 배꼽이 숨을 쉰답니다

부순 집은 다 짓겠다더냐

이마에 푸른빛이 흐른답니다

그놈, 뼛속에 향불은 놓았나 보다

물고기 등에 소 한 마리는 태우겠다

덩굴장미

야야, 니 손 한 번 잡아 보자

몸뚱어리에 불이 내렸구나

무기巫氣가 씌면 자꾸 돌아본단다

눈초리 고우면 귀鬼가 타지

우예, 니는 피부가 이리 좋노

그 아침 옆집 구순 할머니는

덩굴장미를 잡고, 뭐라 뭐라

귀엣말로 중얼중얼하신다

하霞

복사꽃은 다 지는데,

뭐 하능교 아지매

간당간당 양산 쓰고

구름 지짐 두어 판

낮술 서너 병,

볼또그리 죽인다

한 만 년 저 꽃밭에서

우리 뒹굴고 나오면,

이 봄 몸에

꽃 필랑가 나비 될랑가

이불 속 몸뚱어리

문드러지는 것도 모르고

하이고,

뭐 하능교 아지매!

모란

스님예?

눕는 게 좋아예

서는 게 좋아예

미친년!

스님예?

물 관리는 어떻게 하여요

옮긴다!

어디로예?

업業에서 심心으로 옮긴다

호 호 호, 홋 홋

나는 구름에서 꽃 샅으로

번지어요

시와 사유 · 다섯

현대성이란 밖에 있는 것이 아니라 바로 우리들의 내부에 있다. 그것은 오늘인 동시에 가장 오래된 과거이며 내일인 동시에 세계의 시작이고 천 살의 노인인 동시에 지금 막 태어난 아기다. 현대성은 나우아틀(고대 멕시코 언어)로 말해지며 당시唐詩의 표의 문자 속에 씌어지고 텔레비전 화면에도 나타난다. 천년 묵은 먼지를 털며 과거에서 막 캐낸 순수한 현재는 살며시 웃으면서 재빨리 날아올라 창문 너머로 사라지고 만다. 시간들과 여러 얼굴들은 동시에 존재한다. 현대성은 조금 전의 전통과는 단절하지만 수천 년 전 과거를 되살리고 신석기인의 벽화를 우리 동시대인의 그림으로 변화시킨다. 우리는 현대성이 끊임없이 변신되어 나타나는 모습을 추적하지만 끝내 그것을 움켜쥐지 못한다. 그것은 언제나 곧 우리 손아귀를 빠져나간다. 우리는 그를 껴안지만 그 순간 그는 사라지고 한 줌의 공기만 남는다. 그것은 어디서나 있지만 그 어디에도 있지 않은 파랑새다.

옥타비오 파스 / 김홍근 역 『현재를 찾아서』 중에서

제5부

황진이

초희

슬픈 나의 초희! 무너지는 폭설 속에 언 땅을 파고, 어머니를 묻고 돌아온 외로운 그 밤 보았던 당신은, 너무나 쓸쓸했습니다 숲속 안개에 가려 점점 멀어졌지만, 다음 날도, 그다음 밤도 눈을 감으면, 당신의 실루엣이 떠오르곤 했습니다

슬픈 초희! 밤새워 시를 짓는 일은 제국을 일으키는 일과 같다던 당신의 말은, 이 어둠 속에선 눈물처럼 곱습니다

저 손을 놓은 것처럼, 이 손을 잡으러 오시겠지요 다시 한 번 간절히 당신의 심장을 먹고 싶습니다 빗속에 짐승처럼 고함치며 달려도 꺼지지 않는 이 불길! 차가운 강물 속에 들어앉은 노을처럼, 이 겨울 저녁 나는, 그렇게 또 붉게 젖겠습니다

황진이

진이,
그대는 가야금 침향무를 뜯게

나는 그대의
치마폭 위에 분홍 진달래꽃을 치겠네

노을로 번진 눈물을 치겠네
흔들리는 그 바람의 무늬를 치겠네

중모리 중중모리 휘모리로
피어 노는

저 비슬산 꽃의 한 생生 다 떨어지기 전,

진이,
그대는 침향무를 뜯게

나는 엉망진창 술에 취해

대견봉 그 둥근 달빛에 붓을 적셔

그대 치마폭 위에
분홍, 분홍, 분홍, 분홍, 그렇게 번지겠네

귀면鬼面

—지귀의 불

밤하늘 물이 쏟아지니
딱해라 다 죽어 버렸구나

사랑은 천 개의 가면
어찌 이리 얼굴에 들러붙느냐, 귀면鬼面

왜 그 밤, 내 심장에
불을 얹어 놓았습니까

번개가 칠 때마다
남산 제일봉에 뛰어올라

퍼붓는 빗속에
천년 바람 되어 당신을 불렀건만,

흐억, 흐억, 선덕! 이 더러운 벽을
갈아엎고 싶습니다

밤하늘 불이 쏟아지니
딱해라 다 죽어 버렸구나

천년 바람

어버, 어버, 어, 버, 버, 버!

이 달빛 뜯어 네 가슴에 묻으랴

허공은 먹먹한 천 개의 수화

그 밤 억병 취해 천왕봉 붓을 뽑아

대견사 분홍 화폭에 마구 꽃을 뿌리면

너와 나 엉키어 천년 바람이 될까

아내에게

—도미의 편지

그 고운 노을 물이 번지는 것도 모르고
손끝에 닿는 바람의 피부로 당신의 얼굴을 만집니다

눈이 먼 난,

빗소리 떨어지는 마루에 나와 귀를 모으고
사운사운 내려오는 당신을 그리지요

복사꽃 피었다 뭉개져도
흐르는 달빛에 그 많은 봄이 무너져도

벌건 쇠로 두 눈깔을 파내던 개루의 욕정을
오늘 밤만은 당신의 이름으로 용서합니다

아내여!

혀를 물고도 견딘 그 밤이었건만
몸이 없는 이 방은 왜 이리도 춥습니까

만져도 만져지지 않는
바람과 바람 사이 서 있는 당신,

이 밤 폭설이 퍼붓는 그 겨울 허리를
당신인 양 꼬옥 껴안아 봅니다

불이선란도不二禪蘭圖

호득호득 피를 갈아 선線을 치셨구나

묵기墨氣 흘러내린 난 잎은 꺾여

저승에 밀어 넣고,

한 꽃대 허리 젖혀 이승에 뿌리 뻗어

여기가 어디지,

그 아득한 좌선 묵란 한 송이

자전 해설

시는 어디에서 오는가

자전 해설

시는 어디에서 오는가

김 동 원

시詩와 시인

시는 듣는 것이 아니라 들리는 것이다. 보는 것이 아니라 보이는 것이다. 오는 것이 아니라 이미 와 있는 것이다. 미치지 않으면(不狂) 미치지 못하는 것(不及)이 시다. 언어로 전하고 마음으로 받는 것이 시감詩感이다. 하여, 시가 무巫에 접하면 신神이 보인다. 명시는 보이지 않기에 들리고 들리지 않기에 보인다. 신품은 행간 사이에 귀신이 지나간 흔적이 있다. 대저, 천지 창조의 시법詩法은 무량하다. 모든 사물의 근본은 하나지만 저마다 생긴 모양이 다르듯, 시법은 한곳으로 귀착되나 그에 이르는 길은 천만 갈래이다. 있는 것은 있는 것이 아니요, 없는 것은 없는 것이 아닌 세계, 그것이 시다. 유有가 유가 아니며 무無가 무가 아니듯, 시는 물질이자 에너지이다. 언어 이전의 사물과 실재의 비밀은 억겁을 통해 모였다 흩어지고 흩어졌다 다시 모이는 생기生氣, 生起에 있다. 시는 이런 생생한 기운과 일어남, 사건 그 자체다. 찰나에 떠오르는 생각의 기미와 기색, 기척은, 시인이 아니면 잡을 수 없다. 하여 시인은 시신詩神과 접하거나, 시마詩魔에 들리어 귀신도 반할 귀시鬼詩를 짓거나 귀경鬼景을 펼쳐 보인다. 시의 예지가 번뜩이는 광인狂人이야말로 다름 아닌 시인이다. 시구 한 자를 빼면 우주가 무너지고, 시구 한 자를 더하면 한 우주가 생겨나는 묘처가 시이다. 시는 한바탕 무의식의 꿈이라도 좋다. 그 꿈을 깨고 나면 형形은 상象에 숨고, 상象은 다시 형形에 숨느니. 형상은 호흡에, 호흡은 형상에, 이것은 저것에, 저것은 다시 이것에 숨는, 중중 무진重重無盡의 인연이 바로 시다.

하여, 시는 보기는 하되 보지 못하고, 듣기는 하되 듣지 못한다. 사물은 침묵하고 인간은 말한다. 시인은 사람도 아니고 귀신도 아니며, 이승과 저승 어디에도 속하지 않는 음허陰虛한 존재이다. 시는, 행간마다 화두를 뚫어야 보이는 독참獨參이다. 하여 시는, 시를 만나면 시를 죽이고, 시인을 만나면 시인을 죽여야만 관觀을 얻는다. 시를 말하는 자는 시를 모르고, 시를 아는 자는 말하지 않듯, 시의 경계는 선善도 되고 악惡도 된다. 시는 도끼를 갈아서 바늘을 만드는 과정이다. 시인은 사물과 언어가 관통하는 고통의 통로다. 시는 시니피에와 시니피앙 사이에서 사라진다. 하여, 시의 무의식은 언제나 의식의 터진 틈 사이에서 여러 겹으로 흔들거린다.

시가 태어난 자리가 본디 꽃자리이다. 시는 시시각각 휘황찬란하다. 흉중에 젖은 불이다. 천 갈래 만 갈래 찢어지고 갈라지다, 끝내 한곳에 모인 것이 시다. 시의 심장은 고인 핏속에 슨 구더기다. 사람살이의 갈라진 바닥이 시다. 시적 진실은 과학적 사실 너머에 존재한다. 시는 시 아닌 것을 시로 여긴다. 겨울 흰 눈 속에 핀 매화가 꽃의 진경이듯, 시는 모순과 갈등 속에 핀 언어의 꽃이다. 시는 인간 영혼의 바다를 정화하는 소금이자 천기누설이다. 하여, 시는 신神이다. 시인은 천지 만물 속에 내재한 신을 해방시킨다. 영원의 입장에서 보면, 사물 간의 연기緣起는 서로 동화하고 드나들며, 이어지고 변화한다. 이런 세계에서는 모든 사물 간 걸림이 없다. 즉 '하나가 곧 일체이고 일체가 곧 하나(一卽多 多卽一)'이다. 하여, 우주 일체는 그 어느 하나라도 홀로 있거나, 일어나는 일이 없이, 모두가 끝없는 시공 속에서 서로의 원인이 되며, 대립을 초월하여 하나로 융합한다. 하여, 아무리 아름다운 시일지라도 궁극엔 헛것이며, 그 헛것의 본질은 비극적이다.

"무릇, 세상 만물은 무엇인가 평안함을 얻지 못하면 소리 내어 우는 법이다(大凡物不得其平則鳴)."[한유(韓愈), 당 768~824년] 하여, 시는 천지 만물을 위해 울어 주는 곡비哭婢다. "시란 궁한 연후에 나온다(詩窮而後工)."[구양수(歐陽脩), 송 1007~1072년] 하여, 시의 밥그릇은 텅 빈 기물이다. 시는 첫사랑의 흰 눈이지 이별의 폭설이다. 이것을 말하는가 하면, 저것에 가 있고, 저것을 말하는가 하면, 이미 그것 너머에 존재한다. 아득한 마음의 천 길 벼랑이 '자아'와 '타자'의 거리이자, 그리움의 무늬요, 외로움의 공간이다. 하여 시는 태초의 집이다. 유한한 세계를 짜 올려 무한을 짓는다. 시는 언어 밖에 있고 언어 안에 있다. 수십억 년 지었다 부순, 몸 가진 것들의 창조와 몸 없는 것들의 파괴이다. 시는 몸의 감옥을 부수고 뛰쳐나와 길(道)의 자유를 얻는다. 시는 색채다. 원형으로 가는 순결의 흰색이자, 모든 색이 집결한 검은색이다. 하여, 대상을 욕망하는 천지간의 무늬다. 시는 촉감이다. 바람의 악기로 직조된 음音이다. 만물의 선율로 그려낸 이미지이다. 서정시는 답답한 가슴이 뻥 뚫리는 구멍이다. 하여, 서정시는 몸을 관통한 접신이자 신명이다. 지극至極을 통해 울리는 종소리이다. 시는 환幻이다. 잠깐, 허공에 보였다 사라지는 복사 꽃빛이다. 아니, 꽃빛 너머에 흔들리는 비바람이다. 시는 무너진 억장이다. 언어의 지문이 문드러져 버린, 무無의 손바닥이요 발바닥이다.

곰곰 생각해 보면, 시는 생사生死의 그림자놀이다. 시는 "선禪이면서 선禪이 아니요, 시詩이면서 시詩가 아니다."(석지현) 하여, 시란 언어 이전도 아니요, 언어 이후도 아니다. 시는 추상을 통해 구상으로 직진하고, 구상을 통해 추상을 초월한다. 시는 '언어'를 통해 이 세상 모든 더러운 '색色과 공空'의 욕망을 대신 닦아 준다. 알고 보면, 언어는 우주의 욕망의 기호다. 상극을 뚫어 상생을 추구하며, 주관과 객관, 안과 밖, 중심과 주변의 이원 구조를 부정한다. 하여, 물과 불의 갈등이 아니라 태극의 조화요, 율려이다. 둘로 나뉘지도 않고 하나에 집착하지도 않는 뫼비우스의 띠다. 하여 시는, 역易의 오행 속에서 한바탕 우주와 함께 배꼽 빠지도록 웃다 가는, 몸짓들의 풍자요 해학이다. 그렇다. 시는, 사물의 기미幾微들과 세계의 기척들을 통해 '지금 여기'를 자각한 꿈꾼 자의 노래다.

시검詩劍

왜, 나는 시에 혹하는가. 천지 만물이 나와 불이不二한 까닭이다. 병病은 생사의 면벽 수행이다. 하여, 이승과 저승 사이 낀 풍경은 '환幻'이다. 어릴 때 나는 집 앞 바다가 우는 소리를 가끔 들었다. 달빛에 스민 혼령인 듯, 그 천 길 물속에서 우는 곡소리는 슬펐다. 생에서 죽음이 싹트는 엄혹한 사실 앞에서, 죽음에서 생이 열리는 영감을 느꼈다. 내 시는 병의 문을 열고 바라본 앞마당 가득 핀 꽃의 이야기요, 피의 이야기다. 수만 생을 윤회한 나의 또 다른 환생의 조각보다. 하여, 나는 늘 흔들렸다. 바람에 흔들렸고 외로워 흔들렸다. 놓쳐 버린 물의 무늬로 흔들렸고, 불 속 그림자로 흔들렸다. 밑도 끝도 없는 기미와 기척에 흔들렸고, 불안한 목소리에 흔들렸다. 언제나 서정은 '나와 타자와의 동일성의 시학'이자 꿈꾸기다. 나는 법고의 뼈와 살을 발라 먹고 창신의 새 길을 연다. 만물의 음양을 받아들여 시의 형과 상을 빚는다. 전통의 불신과 전복이 아니라 계승과 성찰을 통해, 시의 요체를 꿴다. 현실 공간인 몸과 시의 공간을 하나로 본다. 격물을 궁구하여 치지로 나아간다. 직유를 통해 사물의 극을 치받고, 은유를 통해 물아가 된다. 하여 밤낮없이 비극과 역설, 아이러니와 모호성, 풍자와 해학의 행간에 바장였다. 시의 급소, 그 사랑과 이별의 통증은 신명과 지극으로 풀었다. 소리를 좇다 숲을 잃었고 언어를 좇다 시를 들었다. "이름이 없는 천지의 처음, 무명無名"과 "이름이 있는 만물의 어미, 유명有名"(도덕경 1장) 사이를 헤맸다. 어둠에 손을 넣어 달을 만졌고, 바다에 머리를 넣어 해를 먹었다. 공을 뚫다 색을 얻었고, 색을 품다 공을 보았다. 하여, 시는 "천하에 천하를 감추는 작업(약부장천하어천하 若夫藏天下於天下)"(장자)임을 알겠다. 하늘은 감추고 시인은 들춘다. 간절히 묻고 또 물었다. 세상을 향해 가장 아파하는 자만이, 가장 아름다운 시를 얻는다. 하여, 나는 '시검'을 뽑아 한바탕 천지무天地舞를 춘다.

천하를 갖고 싶으냐!

쉬지 말고 광활한 초원에 말을 달려라

칼을 쳐들고 불의 행간을 뚫어라

아무도 흔적을 남길 수 없구나

바람만 칼끝을 보고 있다

눈을 파내어라, 귀를 묻으라

직유는 결코 혼자 죽지 않는다

귀신도 모르게 은유를 쳐내는구나

불이 내렸도다!

시시각각 말은 휘황찬란하구나

말이 말을 닫으니 일어나는 말이 없구나

달려도 달려도 이미 와 있는 말

검劍을 찾을 자者 영원히 없을지니,

무無를 베라, 천지 사방 색色을 베라

무덤은 산 자들의 퇴고가 아니냐

정녕, 천하를 갖고 싶으냐,

번개처럼 단칼에 놈의 목을 베라!

—「시검詩劍」 전문

'시검'은 천하를 베는 칼이다. 해와 달 위에서 무현금을 들으며, 한바탕 춤춘 검무다. 베고 베도 베이지 않는 무검이다. 심연의 현이자 혼의 가락이다. 하여, '시검'을 빼 들고 날마다 새벽까지 말(馬)을 타고 말(言)의 목을 베었다. 오! 천하에 뿌려진 말의 비린 흰 피여! 지칠 때까지 "칼을 쳐들고 불의 행간을" 뚫었다. 말(馬)과 말(言)의 동음이의를 부려 천의무봉을 꿈꿨다. 바람의 심장을 상징의 끌로 각한 음영이, 나의 시다. 말의 그림자를 잡아 여러 겹의 이미지로 허공에 매달았다. 하여 '시검'은 "아무도 흔적을 남길 수" 없다. 사람의 혀끝은 검이다. 몸을 베는 섬뜩한 저잣거리의 말들. 독언毒言은 세상의 귀를 썩게 한다. 하여 "눈을 파내어라, 귀를 묻으라" 일갈하였다. 귀신도 모르는 바람의 은유. 말 한마디로 천하 마음을 움직인다. 말言은 창조의 기물. "시시각각 말은 휘황찬란"하다. 입을 막고 혀를 감추면 천하의 명시가 숨는다. 말을 잘 쓰면 검을 피하고, 옳은 말은 무언행이다. 하여 "검을 찾을 자 영원히 없을 지니," 시검이여! "무를 베라, 천지사방 색을 베라" "정녕, 천하를 갖고 싶으냐", 시인이여! "번개처럼 단칼에 놈의 목을 베라!"

말귀

하이데거의 시 「라이헤나우에 석양이 저물 때」에는 아름다운 풍경과 내면이 느껴진다. 내면적인 사람이어야 풍경을 보고 풍경의 '있음'을 본다. 남부 독일 콘스탄츠 호에 있는 섬 라이헤나우에 저녁놀이 내려앉는다. 하루 중 가장 깊고 아름다운 시간이 일몰이라면, (「라오콘 군상」에서 보듯이) 가장 숭고한 인간은 고귀한 단순이거나 고요한 위대가 아닐까. 은수자隱修者는 모든 것과 결별했지만 모든 것과 결부되어 있다고 믿는다. 하여 시와 철학의 사이에는 단절이라는 이음의 보다 승화된 국면이 있다. 여름밤이 깊어 가고, "어스름한 둑길 쪽 / 호수로 흘러 나가"는 등대의 불빛이 억새처럼 은은하다. 그것은 귀향자에게 주어지는 은총이자 대지에 머무르는 자만이 누릴 수 있는 존재의 표지標識다. 어둠의 장막이 내리고 달빛이 뜨락을 비출 때면 저 멀리 산마루가 바라다 보이는 넓은 "옥

탑 지붕 위"에 마지막 새소리가 종鐘과도 같이 걸려 있다. 고요한 흐름이다. 대지는 시간들보다 오래되고 신들보다 위에 있다는 말씀. 시원의 시원, 유래의 유래다.

—김상환 산문 「하이데거를 읽는 밤」 중에서

달밤에 고요히 꿇어앉아 매화차를 마신다. 황병기 선생(1936~2018년)의 가야금 연주곡 침향무는 다향의 선미禪味를 법열로 승화시킨다. 겨울 끝머리 스산한 바람이 불 때 이 곡을 듣고 있으면, 절로 풍류객이 된다. 침향무는 명상의 황홀경이 좋았다. 중모리, 엇중모리, 중중모리의 리듬도 좋거니와 애절한 계면조의 흐느낌을 지나, 급박한 휘모리장단으로 마감하는 연주는 오묘하다. 특히 고수의 추임새에 얹어 명인의 손가락 끝으로 현을 비비는, 그 바람 소리의 시적 느낌은 몽환적이다. 어쩌면 슬픈 무희의 비극적 삶을 떠올리게도 하는 이 소슬한 무곡은, 천 년 신라 불교를 음악으로 옮긴 서사시에 비견된다.

속을 떠나 성聖에 들어가는 것이 다선일여의 경지라 하였던가. 달빛과 나, 그리고 다악은 삼생에 무슨 인연인가. 창밖 바람과 청담을 나누는 저 그림자는, 가야금 열두 줄이 풀어내는 심회이겠다. 고적하구나, 시여! 무슨 일이든지 일어날 것 같아 설레는 이 밤. 입 안 가득 타고 내려가는 매향梅香에 적막이 풀린다. 말과 사물의 관계는 필연적이지도, 불변하는 것도 아니다. 음악이 시가 되는 이 어둠 속에서, 홀연, 한 생각이 일어난다. 언어는 마음이 부리는 나룻배다. 우주의 주인을 태우고 건네주는 순간, 언어의 허상은 사라진다. 보기는 하되 보지 못하고, 듣기는 하되 듣지 못하면, 무슨 소용인가. 이미 와 있는 시를 직관한 자가 명시를 얻는다. 이승의 문밖에서 일렁이는 말들을 보라. 말은 허공을 떠도는 바람의 은유이다. 아니, 음양의 '말귀'를 담는 기물이다.

매화 꽃잎은 천천히 허공을 여네. 말귀는 열어 두고, 찻잔 속에 향을 머금네. 대숲 바람이 눕는 사이, 부드럽게 모음이 구르네. 말은 오므라드네, 아니, 벌어지네. 그래, 그래, 조여지는 말의 체위. 달빛은 바람의 샅을 핥고 있네.

구름은 또, 허공의 귓등 새로 말이 흐르네.

색의 자음들이 올라타네. 홍紅, 홍紅, 홍紅, 베갯머리에선 색 쓰는 소리가 깊네. 노랑 말귀를 알아듣는 노란 단풍. 산이 풀리고 노을이 닫히고, 사이사이 말귀가 트이네. 겨울 눈 내리고 봄꽃 피고, 돌아보니, 문득, 말들이 사라지고 없네.

—「말귀」 전문

시 「말귀」는 하늘에서 내려오는 말의 향기를 읊표고 건해

들은 악시일여樂詩一如의 세계다. 삼라만상은 그 자체가 악기요, 리듬이다. 허공 위에서 해가 걷고, 달이 거니는 율려의 경지는 황홀하다. 첫날밤 음양 합궁의 소리는 신비로운 몸의 음악이다. 물 위에서 바람이 걷는 경지는 환상이다. 시에 스며든 이런 우주 리듬은 단순한 소리의 반복이 아니라, 신명이다. 차 한 모금에 따뜻해져 오는 이 아름다운 가슴. 살 수만 있다면 한 오백 생이라도 살 것 같은 밤이다. 한 백 년은 시도詩道를 이야기하고, 한 백 년은 저녁노을 구름 속에서, 대금과 가야금을 들으며 사랑하는 정인과 붉은 신방을 꾸밀 것이다. 또 백 년은 붓을 들어 물속 보름달을 치고, 또또 백 년은 저 시선 이백처럼 대취하여 첨병첨병 환幻 속에 들어가도 좋으리라. 남은 백 년은 폭설에 갇혀 겨울 설중매의 향기를, 이 밤처럼 시음詩音으로 음미할 것이다. 백자 찻잔 속에서 "매화 꽃잎"이 천천히 몸을 여는 것을 지켜볼 것이다. 어쩌면 그 향기는 달뜬 여인의 "홍紅, 홍紅, 홍紅" 색 쓰는 소리인지도 모른다. 아니, "대숲 바람이 눕는 사이, 부드럽게 모음"에 올라탄 자음의 힘쓰는 합궁의 묘음인지도 모른다. 그 색의 말들은 오므렸다, 벌어졌다, 끝내 "조여지는 말의 체위"처럼, "바람의 샅을 핥"을 것이다. 언제나 내게 있어 시는, "문득" 돌아보면 다 사라지고 없는 몸들의 환幻이자, 귀鬼의 은유이다.

누설

어떤 시는 첫 줄이 먼저 오고 어떤 시는 과정을 지우려는 듯 마지막 문장이 먼저 온다. 어떤 언어들은 지독한 물질성으로 내 몸에 덩이째 달라붙어 꾸역꾸역 냄새를 피우며 얼룩을 남기지만 끝내 시가 되어 주지는 못한다. (…) 원하건 원하지 않건 언어는 사물과 부딪히면서 휘어지고 떨어지고 솟아오르기를 반복한다. 시는 나도 모르게 다른 곳으로 흘러간다. 의도치 않았는데 아주 멀리 나아가기도 하고 주변을 맴돌며 살을 파고들거나 다른 몸으로 건너뛰기도 한다. 어느 순간부터 나 자신도 모르는 사이 나의 무의식이 작동해 시를 끌고 간다. 무의식은 타자화된 나의 몸이겠다. 그 속에는 당연히 내 삶의 시간들이 중첩해 있다. 내가 아니라 언어가 움직인다.

—류인서 「떠도는 현재시現在詩, 시」 중에서

왜 그날 밤 그녀가 꿈속에서 "노을로 손목"을 그었는지, 나는 아직도 그 연유를 모른다. 천기누설을 들었으리라. 이따금 화마畵魔에 늘리어 귀신이 펼친 귀경을 그린다고 하였다. 시의 형식을 들쳐 업고 내용을 폭로하고 있었다. 은밀한 속삭임으로 매일 밤 내 꿈에 그녀는 은유로 속삭였다. 「누설」은 그녀와 행간 사이 은폐된 카르마Karma다. 우물 속인지 우물 밖인지, 그녀는 화폭 잎에서 춥디고 히였다. 불편한 전

생의 업業을 통해 바라본 그녀의 방은 "모란 신방"이었다. 나는 사랑에 미치면 "천형이 내린다"고 일러 주었다. 끊지 못한 욕망에 괴로워하며 옷도 입지 않은 채, 바들바들 현생의 붓을 들고 떨고 있었다. 하도 안쓰러워 천의天衣를 집어 그녀에게로 다가가는 순간, 그녀는 자신이 그린 「설죽도雪竹圖」 속으로 숨어 들어가 버렸다.

추웠더냐, 얘야!

모란 신방으로 내려가는 우물 속으로

이별은 찾아온다고 하지 않았더냐

노을로 손목은 왜 그었느냐

물속 피가 번지면

천형이 내린다 하지 않았더냐

옷이라도 입혀 보낼걸,

왜 그리 모란을 따라갔느냐, 얘야!

—「누설」 전문

'한 점을 긋는다'는 것은 만물의 심장 떨림을 직관한다는 의미다. 곧바로 사물 속으로 치고 들어가 화가의 심장과 화폭 속 오브제들이 한 몸이 된다는 뜻이다. 반드시 하늘은 당신의 뜻을 우주 속에 풀어 놓아, 인간으로 하여금 그 이치를 깨닫게 하는 고통을 준다. 이런 천명을 받아내는 천형이야말로, 예술가의 소명이다. 무의식은 하나의 거대한 붓이다. 은하수는 그대로가 달빛 넘어 흐르는 색채다. 해를 둘러싼 태양계들의 아름다운 춤의 곡선도 좋거니와, 밤하늘 수천 개의 별이 천계 가득 뿌려져 움직이는 점과 선은, 멋진 무無의 드로잉이다. 난 언제나 그녀의 그림을 감상할 때 '화폭 속의 숨소리'를 제일 먼저 듣는다. '들숨'은 생명의 앞문이요, '날숨'은 죽음의 뒷문이기 때문이다. 2010년 4월경의 작품, 웨이하이 시절 화가 묵연의 빼어난 수작 「설죽도雪竹圖」(개인소장)를 처음 보았을 때 숨이 멎는 듯했다. 초승달의 처연함도 애절하지만, 모진 시베리아 북풍한설에 내몰린 어미 대와 어린 죽순의 살아남으려는, 그 '버팀'의 슬픈 곡선 미학은 참척의 아픔이 느껴졌다. 싸늘한 겨울 눈보라는 사랑한 이의 주검을 끌어안고 통곡하는 소복한 여인의 흐느낌처럼 들렸다. 하여 그녀의 댓잎의 '휨'은 무형의 그림자를 이루었다. 화필畫筆은 귀鬼인 양 흰 눈에 휘감겨 이루 형언 할 길 없는 묘음을 만들었다. 보는 이의 가슴 무늬에 따라, 이별의 사랑과 격정의 불길이 점묘처럼 타올라 봄무림지고 있었다.

"(고인들은) 대나무 그림을 그릴 때, 처음 눈으로 본 대(竹) 모양을 안중지죽眼中之竹이라 했다. 실제의 객관적 세계에 존재하고 있는 대상으로서 대나무를 있는 그대로 보고 느낀 것을 의미한다. 흉중지죽胸中之竹은 객관적 대상이 마음에서 형상화되어 주관적으로 받아들여진 대상을 의미한다. 이것은 예술가에 의하여 예술적으로 변용된 이미지화된 대나무이다. 수중지죽手中之竹이란 무엇일까? 이는 예술가의 공력功力과 기교를 통해 표현된 대나무를 말한다. 즉 객관적 대상이 주관을 통하여 변용되고 다시 예술적 기교를 통하여 표현되는 과정이다. 따라서 흉중지죽과 수중지죽은 대상의 단순 모방이 아니라 예술 정신의 표현이다."(김종헌, 『추사를 넘어』)

「설죽도雪竹圖」는 흉중지죽이요, 수중지죽이다. 이국 만 리 먼 타국에서 느낀 화가 묵연의 서늘하고 아픈, 상한 곳에 흐르는 흉중 속에 고인 진물의 먹빛이었다. 그림 속 매서운 찬바람과 마구 흩뿌려 몸부림치는 눈보라와 살려고 발버둥 치는 대의 휨과 묵기 빠진 초승달은 압권이다. 제각각의 오브제는 서로가 서로를 한없는 측은지심의 인연 밧줄로 화폭 가득 팽팽히 끌어당기고 있다. 겨울 한밤중 허허벌판에 내몰린 저 대와 죽순을 상상해 보라. 무엇에 지핀 듯 화가가 거칠게 쭉쭉 그어 나간 필선은, 설한풍을 온몸으로 껴안은 대의 마디마디의 공명처럼 적요하다. 「설죽도雪竹圖」는 수묵화가 다다를 수 있는 청록과 먹의 오체색이 뒤섞여 만든 붓질의 백미다. 먹색이 내는 온갖 담담한 색은 무위의 몸짓이다. 명작은 손가락으로 바위를 뚫는 정성으로만 태어난다. 불같은 정열과 광적인 몰입이야말로, 위대한 예술가의 노정이다. 작가는 거짓을 말할 수 있어도 작품은 거짓말을 하지 않는다. 좋은 그림은 화폭 가득 바람 소리가 들려야 하고, 붓질은 끝났으나 그 뜻만은 무량하여야 한다. 오브제마다 살아 움직이는 신령스런 영감으로 가득 차야 하며, 언제나 색은 그 너머의 초월을 꿈꾼다. 화가 묵연의 대나무는 무념보단 생의 끈질긴 '견딤'을, 무상보단 '어린 죽순'의 핏줄에 더 무게 중심이 가 있다. 마치 시장 바닥 어린 새끼를 옆구리에 끼고 세파를 견디는 겨울 좌판의 어미처럼, 등뼈 휜 대를 보고 있으면, 시베리아 한파의 혹독한 고달픈 생의 비의가 화폭 가득 환청으로 휘잉~ 휘잉 들린다.

칸나

몸은 시대마다 다르게 읽힌다. 몸은 시대의 프리즘이다. 누가, 어떤 시선으로 비추는가에 따라, 변화한다. 몸은 유리이고, 거울이고, 무성한 숲이다. 그러나 현실 속의 몸은 파편이고, 대상이고, 간혹 주체이다. 몸은 거듭난다. 새롭게 해석된다. 그렇기에 몸은 변화하는 사건이고, 기록되는 감정이다. 현대의 몸

> 은 알레고리적 건축물이고, 생물학적 기관이자 종교적 사원이다. 몸은 미술관이고 문화적 소모품이다. 몸은 완전한 아름다움을 추구하는 가상의 대상이 아니라, 그 자체가 도구가 되었다. 몸은 상품이자 브랜드이다. (…) 21세기 몸은 젠더, 나이, 인종, 사회적 위치와 경제적 역할, 권력에 따라 새롭게 해체되어 구성된다. 몸은 모니터의 화면이자 모바일의 액정과 같은 감각적 사물이다. 몸은 촉감이 있는 껍데기이고, 촉감의 무한한 상상력을 동반하는 꿈속의 이미지이다. (…) 몸은 (역사적으로) 질문을 품은 화두이다. 몸은 주체이며 객체가 공존하는 모호한 전류의 장場이다.
>
> —금은돌 「대화, 불길한 몸으로 시작하는」(《시와 사람》 2020. 봄) 중에서

음악은 하늘에서 흘러나와 사람의 몸에 붙은 것이다. 바닷물 속에서 붉은 현을 켜며 올라오는 해는 그 자체가 악기이다. 한밤중 물속에 들어가도 젖지 않는 달은 얼마나 신비로운 선율인가. 하여, 천지 만물은 모두 소리의 악기통이다. 하늘과 땅은 음양의 리듬으로, 오행은 행간의 악보로 드러난다. 겨울의 흰 눈은 봄의 들꽃 피는 소리에 숨고, 물의 음악은 초록의 여름 나뭇가지를 타고 허공의 생각을 만진다. 온갖 색채가 가을 단풍 속에 제소리들을 숨기고, 낙엽은 늙은 몸을 끌고 땅속 뿌리에 스며 은유의 소리로 부활한다. 강물은 스스로가 물의 연주자요, 바다는 강물들의 교향곡이

다. 바람의 지휘자를 통해 천지는 한바탕 무위를 드러낸다. 하여, 자연은 형상을 창조하여 색의 음악을 만들고, 변화의 음을 통해 매 순간 무화시킨다. 때론, 화산 폭발과 번개의 리듬으로 불의 음악을 펼치기도 하고, 때론 해일과 폭우로 물의 음악을 선사하기도 한다. 삼라만상은 상징의 율을 통해 이미지로 드러나고, 구상과 추상의 악기를 바꾸어 가며, 색과 공의 법칙으로 우주를 탄주한다. 하여 음악은, 지수화풍토地水火風土란 경이로운 음계를 버무려 일월의 조화음을 만든다. 그 사이 인간은 희로애락의 고저장단에 사주팔자의 추임새를 얹어, 한바탕 각자의 시공의 방식으로 몸을 통해 놀다 가는 악기인 셈이다. 하여, 시「칸나」는 홀연히 음악의 방식으로 내 영혼 속에 치고 들어왔다.

거울 속 꽃은 지는데,

첼로를 타고 카루소는 흐르고

흑 흑 흑, 왜 우는 거야, 바람

돌아보면 부서져 버릴 사랑

칸나, 칸나, 칸나

불이 붙어 다 타 버리라지, 뭐

거울 속 꽃은 지는데,

흑, 흑, 왜 우는 거야 바람

첼로를 타고 카루소는 흐르고

빨강, 미쳐 버리라지, 뭐

칸나, 칸나, 칸나

붉은 라인은 왜 그리 외로운 거야

꽃대에 젖어 빗물은 흐르는데,

흑 흑 흑, 왜 우는 거야 바람

—「칸나」 전문

비극적 음색은 왜 사람의 마음을 흔드는 걸까. 슬픈 음악은 가슴속에 엉킨 감정의 비애가 악기의 현을 타고 나오는 색채 같다. 시인의 영혼은 존재의 처음을 만지는 음악이라도 되는 걸까. 시는 왜 가장 추악하고 비루한 흔적을 들추는 걸까. 비바람은 몰아치는데 "거울 속 꽃은 지는데" 그 봄날 나는 루치아노 파바로티(Luciano Pavarotti, 1935~2007)의 그 장엄한 비감 어린 「카루소」를 듣다, 짐승처럼 설움이 북받쳐 올랐다. "돌아보면 부서져 버릴 사랑"앞에서, "흑 흑 흑," 바람처럼 나의 기억은 울고 있었다. 순간, 초등학교 1학년 때 창문 너머로 반한, 그 예쁜 "칸나"가 내 무의식 속에서 붉게 피었다. 빗속에 계속 "첼로를 타고 카루소는 흐르고", 붉은 라인의 외로운 칸나는 그 옛날 잃어버린 소녀처럼 은유로 서 있었다. 내게 어린 날 잃어버린 첫사랑은, 아무에게도 고백할 수 없는, 아무리 소리쳐도 들리지 않는, 절대 고독의 영역이자 혼자만의 비밀이었다. 참혹한 이별이 찾아온 건 12살 때였다. 소녀는 심장을 찔렀고, 버려진 나는 빨강을 죽였다. 하여 나는, 이 세계의 빨강은 다 사라져야 한다고 외쳤다. 아니 "빨강, 미쳐 버리라지, 뭐"라고, 독언을 퍼부었다. 그 당시 어린 영혼은 늘 위태로웠고, 다친 심장을 움켜쥐고 "흑, 흑," 바람처럼 서성였다. 「카루소」의 애절한 비가를 듣는 순간, 한밤중 사랑에 미쳐 "칸나, 칸나, 칸나"를 부르며 뛰쳐나갔던, 나의 내면 아이를 보았다. 들판에 버려진 소년의 심장을 타고, 그 노래는 전신을 불길로 휘감았다. 왜 나는 그때, 이별의 사랑을 가장 아름답고 슬픈 긴 음악으로 들었을까. 명곡 「카루소Caruso」는 47세로 죽은 이탈리아 테너 가수 엔

리코 카루소(Enrico Caruso, 1873~1921)를 추억한, 사랑의 비극을 담은 노래이다. 칸초네 가수이자 연주가인 루치오 달라(Lucio Dalla, 1943~2012)가, 죽기 전 카루소가 묵었던 소렌토의 비토리아 호텔Excelsior Vittoria을 밤에 방문하여 작곡했다. 카루소가 묵었던 방에는 넓은 테라스가 있고, 그 테라스에 서면 나폴리만의 푸른 바다가 보이고, 그 너머 도시 나폴리 위에는, 사랑하는 여인이 달빛에 눈물을 흘리며 비가를 듣고 있다. 그 호텔 방에서 생의 마지막 순간을 보낸 카루소를 떠올리며, 루치오 달라는 피아노에 앉아 즉석에서 「카루소」를 썼다. 세계적인 테너 루치아노 파바로티의 전율하는 목소리와 스테판 하우저의 애절한 현弦의 첼로 연주를, 아! 사랑에 미친 독자여, 꼭 한 번은 들어 보라!

월검月劍

사물에 이름을 붙임으로써 그 사물은 '사라지고', 그것의 은유적 대변체인 기호의 그물망 속에 인간을 위치하게 된다. 이것이 상징계로의 진입이 가져오는 사물의 타살과 기호적 중재가 의미하는 것이다. 이후부터 인간은 사물과 직접적인 교류를 중단하고 기호와 기호, 혹은 시니피앙(기표記標)과 시니피앙이 엮어 가는 의미의 연쇄 고리 속에서 삶을 영위해 간다. 라캉의 또 다른 유명한 명제, "시니피앙은 다른 시니피앙을 위해서 주체를 재현한다"는 말도 이런 맥락에서 해석되어야 할 것이다. 주체는 시니피앙과 시니피에(기의記意)의 행복한 결합 속에서 탄생하는 것이 아니고, 하나의 시니피앙이 다른 시니피앙으로 은유적 대치를 이루는 시니피앙의 관계 속에서 자신의 모습을 드러낸다. 이것이 바로 라캉의 메타포 공식이 의미하는 것이다. 이 공식화 과정의 결과로서 어렴풋이 드러나는 의미 생성의 문제는 그대로 주체의 탄생과 직결된다.

—박찬부 『기호, 주체, 욕망』 p.87~88

지금 나는 '나만의 방식으로 나의 서정시에 질문'하고 있다. '바람을 시 행간 속에 흐르게 할 수는 없는가', '색채의 언어로 시를 그리면 어떤 느낌일까', '소리가 언어로 몸을 바꾸면 음악이 될까', '시가 독시자讀詩者의 눈 속에 들어가 시인의 영혼이 된다면' 등등의 엉뚱한 질문이다. 이런 관점은 언어 이전과 언어 이후의 경계이자, 동일성의 시학이다. 시는 이것을 말하는가 하면, 저것에 가 있고, 저것을 말하는가 하면, 이미 그것 너머를 관통한다. 나에게 서정은 시간의 주름이자 감성의 지문이다. 혼의 부름이자 사물의 응답이다. 결국 서정은 나타났다 사라지는 주체와 객체의 영원한 환幻이다. 하여 나는 끊임없이 '현대시란 무엇인가?', '시는 어디에 있는가'를 집요하게 파고든다. 요체는 창조적 세계에 대한 시의 전복과 자각이다. 낯선 언어의 소통과 다양성, 통찰과 무의미, 그 사이쯤이다. 말의 궁극은 자유에 있다. 시는 수직의 시간과 수평의 공간을 언어로 무너뜨림으로써 부활한다. 밤낮 신선한 젊은 피를 나의 서정시에 수혈하는 과정은, 개성적 시어의 몰입뿐임을 알았다. 수준 높은 명시를 검열하여 음미하고, 혹독하게 숙련된 예술적 경지를 내 것으로 만들었다. '느낌'으로서의 작품 읽기, '조룡雕龍'으로서의 언어 미학 탐색에 집중했다. 언어를 통해 언어를 넘어선, 통변과 시경의 비밀 앞에 나는 서 있다. 신선한 언어의 재료를 버무려 형태소의 맛, 향, 미각 등의 섬세한 자모의 성질에 대해 시어의 식감을 구별한다.

전 시대의 시는 '자아와 세계의 동일성'이란 열쇠 하나만 갖고도, 세상의 귀들을 희한하게 잘 열었지만, 오늘날 미래시는 시인마다 언어의 문을 여는 비밀번호가 다르다. 아날로그의 방식으로는 도저히 열 수 없는 디지털화된 기호이자 암호이다. 시인 이상(1910~1937)의 시를 읽던 방식으로 현대 추상시를 해독할 수 없다. 하여, 주체와 객체를 바라보는 다중 인식은 혁명적이어야 한다. 이상의 시가 개인적 자폐와 근대적 폐쇄성에서 머물렀다면, 미래시는 개체의 자의식이 파편에 숨어든 가면에 비유된다. 언제나 시대가 언어를 규정한다. 나름, 현대시에서 '전통'의 계승은 중요한 덕목임에는 틀림없지만, '실험'의 파격성이 기상천외한 예술로 진화하는 것 또한 부정할 수 없다. 미래시파는 초현실주의에 뿌리를 박고 기존 서정시를 박차고 전혀 다른 차원의 예술적 시법을 건설했다. 물론 이런 미래시파는 크게 보면 현대 시사의 한 유파이겠지만, 이성과 의식의 통제와 지배를 거부하며 무의식적으로 언어를 마구 뿌려 대는 수법이야말로 현대시의 진일보이다. 마치 표현추상주의 화가 잭슨 폴록이 우연히 '자신의 몸짓과 물감의 반복 운동'을 통해 전혀 새로운 차원의 미美를 발견한 것처럼, 미래시파 역시 그들의 무의식(타자화)의 세계를 한국 현대시사에 마구잡이로 뿌려 대고 있다. 이런 언어 실험은, 언어를 형태소의 최소 단위로 쪼개고, 단어와 기호를 혼합하고, 색채와 시선의 이미지를 분산하여, 수많은 점으로 찍어 놓은 '나'로 대체되며, '시선'은 다초점으로 분열된다. 시 「월검」은 새로운 서정시의 출현에 대한, 나의 강렬한 갈망의 표현이다.

그 밤 피가 내렸다, 시여!

천년을 돌아서

내 분홍 여인을 지키기 위해,

비슬산 절벽 위에서

월검月劍을 잡았다

오오, 오오오, 피바람 속에

흩어져 떼로 몰려들던 귀鬼들!

그 어둠 속 뎅겅, 뎅겅, 뎅겅, 뎅겅,

수천의 목을 베었다

시여, 그 밤 피가 내렸다!

—「월검月劍」 전문

그 봄날 비슬산 대견봉(1,083m) 능선에서 본 진달래 꽃불은, 전혀 다른 미학의 차원을 열어 주었다. 낙동강 휘어진 강물에 겹쳐 붉게 물든 가야산 노을은 절경이었다. 팔각정 너머로 이어진 30만 평의 분홍 꽃빛은, 턱 턱 숨이 막혔다. 어떤 시공에 다시 태어나 이렇게 기막힌 이승의 꽃 잔치를 볼 것인가. 벗 백산과 함께 달이 떠오를 때까지 비슬산 그 붉은 석양의 거문고 소리를 들었다. 「월검」을 쓸 무렵, 나는 줄곧 전통 가락의 계승을 현대시 속에 '어떻게 세련시킬 것인가'를 모색하였다. 7·5조 3음보의 기본 율격을 간직한 채,

민요조의 그 아름다운 리듬을 '어떤 방식으로 가져다 쓸 것인가'를 고민하였다. 백제의 「정읍사」, 신라의 「망부석」, 근대 소월의 「진달래꽃」, 미당의 「신부」, 조지훈의 「석문」, 박재삼의 「춘향이 마음」, 이성복의 「또 비가 오면」 속의 한恨과 비견되는, 시적 깊이를 확장하고 싶었다. 민족정신의 숨결과 율조를 계승한 시조의, 흘러내리고(流), 한 바퀴 감아 돌고(曲), 힘을 주는 마디(節)를 지어서, 다시 풀어내는(解), 그 멋진 고저장단을 「월검」속에 흡수하고 싶었다. 「월검」은 전통적 한의 정서를 현대적 비극 이미지로 변주한 시이다. 하여 나는 "그 어둠 속 뎅겅, 뎅겅, 뎅겅, 뎅겅," 기존 서정 언어의 습濕을 잘랐다. '법고'와 '창신' 사이에서 헤맨 4년간의 나의 시작詩作은, 두렵고 짜릿한 과정이었다. 몸속에 살던 옛 시를 완전히 부수고 행간 속에 참신한 신서정의 이미지를 세우는 작업은, 골수를 바꾸는 일이었다. 뚫어지게 대상을 성찰했으며 '추상어, 관념어의 배제', '치열한 언어의 조탁과 나만의 감각'에 대해 숙고하였다. 하여 불현듯 "그 밤 피가 내렸다, 시여!"로 승화되었다. 현대적 이미지의 압축 혹은 형상화의 미학을 '선혀 나른 낯신 리듬'으로 바꾸는 시법은 고행이었다. 그리하여 마침내 "오오, 오오오, 피바람 속에", "흩어져 떼로 몰려들던" 시의 귀鬼를 불러내었다. 「월검」은 '행과 연의 지나친 단절과 비약'을 금기했으며, 모호성의 시법을 통해 섭신된 흐름을 시도하였다. 수미 쌍관의 반복과 리듬의 도치는 이 시를 읽는, 또 하나의 오묘한 방식이다.

황진이

율문 형식은 모든 시의 바탕 자질이다. 그 속에서 시는 살아 있고, 살아 있으므로 더욱 완벽한 형식을 꿈꾼다. 이는 시의 본디 성격이 구속과 기율, 그리고 자기 통제에 있다는 사실과 무관치 않다. 모든 시 형식은 진화를 거듭하면서 하나의 전형을 지향하기 마련인데, 그것은 대개 정형시의 모습으로 수렴된다. 그런 관점에서 정형시는 시 형식 진화의 마지막 단계라 할 수 있다. 어느 나라건 오랜 역사를 가진 시는 예외 없이 정형의 틀을 갖추었다는 사실이 이를 증명한다.

정형시의 미학에는 그 민족의 기질과 습속은 물론, 그 언어의 호흡과 생리까지도 고스란히 녹아 있다. 우리 시문학사의 맥락에서 역사의 엄존성을 담지한 정형 미학의 실현은 시조가 유일하다. 그러므로 시조는 즈믄 해를 이어 온 시이자, 이 땅 오늘의 시로 엄연하다.

—박기섭 「시조, 그 낯익고 낯선 풍경의 안과 밖」 중에서

그녀는 페미니스트이다. 조선의 남성 위주의 사회를 풍자

한다. 그녀는 여성의 평등과 차이를 자각한 최초의 기녀였다. 그녀의 시는 사랑의 불길에 타오르는 절규가 들린다. 시편마다 체와體 용用을 무화시킨다. 정격을 치받아 파격이 된다. '빔'과 '창조'는 그녀 시가 추구한 율려이자 여백이다. 놀라운 비약과 함의로 시의 묘처를 얻었다. 그녀의 행간은 무위하다. 굳은 성리학 체제에 신선한 해방의 시풍을 불어넣는다. 그녀는 시대를 박차고 뚫고 나온 파천황이다. 하여, 나는 늘 황진이黃眞伊(1506~1567. 추정)의, 그 서늘한 비극적 시의 인식을 흠모하였다. 양반 놈들의 가면을 벗겨내 치마 속에 휘잡아 들인, 그 희롱과 무희舞姬의 멋을 찬양하였다. 사랑의 불길에 휘감긴 그 열렬함에 매료되었다. 그녀가 6년간 계약 동거한 이사종과의 사랑을 읊은 「동짓달 기나긴 밤」은, 조선 시조 미학의 절창이다.

冬至ㅅ달 기나긴 밤을 한허리를 버혀내여
春風 니불 아레 서리서리 너헛다가
어론님 오신 날 밤이여든 구뷔구뷔 펴리라

"기나긴 밤"의 한허리를 베어낸다는 언어 감각은 심플하다. '버혀'낸다는 그 언어의 재단 방식은 진이만의 독창적 예술이다. 그 긴 시간의 길이는, 사랑하는 임을 기다리는 외로움의 통로이다. 그녀 시의 행과 행 사이, 장章과 장章 사이엔

만단정회萬端情懷가 비친다. 그녀는 사물과 몸을 언제나 동일시한다. 고독한 겨울밤을 봄날 이불 속에 "서리서리 너헛다가", 임이 오시는 날 "구뷔구뷔" 펴겠다는 그 애틋함은, 왠지 서늘하다. 두 번 다시 오지 않을 임의 부재를 예견한 것처럼, '접다'와 '펴다'의 반복은 애절하다. 진이의 시어는 바람의 언어다. 관능을 넘어선 초월의 세계가 보인다. 모호하나 잡히고, 외로우나 넘어선, 그 접接의 미학이 깊다. 그녀의 시는 아픈 멍울이 잡힌다. 이별 속에 잠깐 스쳐 간 사대부 놈들은, 모두 페르소나(가면)이다. 진이는 불혹의 나이에 짧은 생을 마감했다. 그녀의 유언대로 개성 어느 길가에 묻혔다. 훗날 임제(1549~1587)가 평안도 평사(評事, 정6품의 무관)로 부임해 가는 길에, 그녀 무덤에 술잔을 올린다.

> 靑草 우거진 골에 자ᄂᆞᆫ다 누엇ᄂᆞᆫ다
> 紅顔을 어듸 두고 白骨만 무쳣ᄂᆞᆫ이
> 盞 잡고 勸ᄒᆞ 리 업스리 그를 슬허 ᄒᆞ노라

임제의 풍류가 없었다면, 조선의 멋은 참 초라할 뻔했다. 「청초 우거진 골에」는 생의 허무가 짙다. "자ᄂᆞᆫ다 누엇ᄂᆞᆫ다" 고어의 의문형 어미는 니힐리즘의 극치다. 들풀 속에 묻힌 진이의 백골은 무상하다. "청초"와 "홍안", "백골"의 색채 이미지는 비현실적이다. 임제는 부임해 도착하자마자 이 시를 지은 죄로 파직되었다. 그 사건은 성리학 체제의 허실虛實을 여실히 증거 한다.

나는 늘 진이에게 시의 빚을 느꼈다. 때가 되면 멋진 풍류로 그녀와 술상을 마주하고, 한바탕 신명을 풀겠다고 다짐하였다. 그 봄날 비슬산 대견봉 능선에서 30만 평의 진달래 분홍을 보자마자, 홀연히 「황진이」에 접신 된다.

진이,
그대는 가야금 침향무를 뜯게

나는 그대의
치마폭 위에 분홍 진달래꽃을 치겠네

노을로 번진 눈물을 치겠네
흔들리는 그 바람의 무늬를 치겠네

중모리 중중모리 휘모리로
피어 노는

저 비슬산 꽃의 한 생生 다 떨어지기 전,

진이,
그대는 침향무를 뜯게

나는 엉망진창 술에 취해
대견봉 그 둥근 달빛에 붓을 적셔

그대 치마폭 위에
분홍, 분홍, 분홍, 분홍, 그렇게 번지겠네

—「황진이」 전문

갑자기 치고 나온 시가 나는 좋았다. 대견봉 팔각정에서 내려다본 그 진달래 꽃빛은, 진이의 치마폭 같았다. 그녀는 "가야금 침향무를" 뜯고, 나는 그 "치마폭 위에 분홍 진달래 꽃"을 쳤다. 노을 속에 번진 그 바람의 무늬를 쳤다. "중모리 중중모리 휘모리로 / 피어 노는" 꽃들이 다 떨어질 때까지, 비슬산 보름달 아래 덩실, 덩실, 춤을 추었다. "엉망진창 술에 취해" 붓을 들고, 진이의 치마폭에 "분홍, 분홍, 분홍, 분홍, 그렇게 번지"고 싶었다. 시 「황진이」는 훗날, 낭송가 이지희의 유니크한 목소리로 예술기획 '진진아트'에서 영상시로 제작돼 유튜브에 올려졌다. 수천만 개의 꽃잎이 바람에 날려 가는 장면은 압권이다. 가야금과 대금 국악에 맞춰, 이지희의 젖은 목소리는 흐드러진다. 꽃길과 능선 사이, 바람과 구름 사이, 황진이와 어우러져 노는 도포 차림의 그 풍류객의 부채춤은 멋지다.

어쩌면 현대시는 시각적 언어 예술을 벗어날 때, 새 길이 열릴지도 모른다. 시 낭송은 청각 예술이다. 시가 시인의 오감을 통해 인간의 생로병사를 언어로 길어 올린 장르라면, 시 낭송은 시낭송가의 목소리를 통해 사람의 상처를 어루만져 주는 소리 예술이다. 시는 원래 가락에 맞춘 노래여서 시와 낭송은 불가분의 관계다. 한 편의 시로 천 갈래의 시 낭송이 가능하다. 각양각색 시낭송가의 목소리는 듣는 관객을 매료시킨다. 낭독(朗소리낼 랑, 讀읽을 독)이란 텍스트에 얽매여 전달하는 것이 일차적 목적이지만, 낭송(朗소리낼 랑, 誦욀 송)은 시 작품을 자기화하여 관객에게 감동을 주는 것이 임무이며, 제2의 시 창작 행위이다. 시가 직관을 통해 영감을 포착한다면, 낭송은 소리 파동을 통해 청자에게 시를 감동 에너지로 전환한다. 즉, 시 속에 들어앉은 시인의 영혼을 불러내어 관객들의 심장 속으로 파고드는 것이 시 낭송의 본질이다. 시가 문자 매체로 영원성·연속성을 띤다면, 시 낭송은 음성 매체로 순간성·현장성을 띤다. 시의 의미 함축이 때때로 독자로 하여금 이해하기 어렵게 만들 때, 시 낭송은 소리와 감정으로 그 의미를 풀어내어 쉽게 전달한다. 시인이 시 창작자라면, 시낭송가는 시 전파자이다. 시인과 시낭송가는 이란성 쌍둥이 역할로 새로운 시 문화 예술을 발진시킬 동반자다. 시 낭송의 궁극적 목적은 시 작품 속 다채롭게 채색된 언어 감정을 관객들에게 직접 전달해, 관객으로 하여금 마음속 엉긴 상처를 현장에서 씻어 주는 정화 작용에 있다. 아무리 훌륭한 시가 있어도, 세상에 걸어 나와 사람과 소통하지 않으면 무덤 속 진주에 지나지 않는다. 영상 미학이야말로, 21세기 새로운 시 예술을 획기적으로 전환할 문화인지도 모른다.

이 시인 놈아

하늘은 장차 큰 임무를 이 사람에게 내리려 할 때, 반드시 먼저 그 마음과 뜻을 고통스럽게 한다. 그 근육과 뼈를 힘들게 하고 그 몸을 굶주리게 하며, 그 몸이 행하는 것을 궁핍하게 하고, 그 하는 일마다 안 되게 하여 어지럽게 하나니, 그 까닭은 그 마음을 두드려 참을성을 생기게 하여, 그동안 할 수 없었던 것도 할 수 있게 함이니라.

—맹자 「고자편구」

시인은 이름을 남기는 자가 아니라, 시를 남기는 사람이다. 역사의 길 위에서 현실의 욕망을 반추하는 거울이다. 그 욕망의 끝에서 상처를 돌아보고, 어떻게 이 세계를 인식할 것인지를, 묻는 자가 시인이다. 하여 시는 너무 달면 행간이 썩는다. 행이 연에 아부하면 둘 다 죽는다. 홀연히 들리는 것이 시인의 귀다. 시력詩歷이 높아질수록 시마가 깊어진다. 시의 기세가 막히는 명치끝이, 시가 뚫리는 장소다. 불가능할수록 시의 몸을 뒤집어라. 비명을 지를 때까지 말을 찔러라. 시는 막다른 골목에 다다라서야 칼을 빼 들고 덤빈다. 뒤태가 고울수록 앞이 산다. 명시는 척 보면 누구나 다 안다. 귀신처럼 연과 연 사이를 속여야 좋은 시다. 억지로 막은 행간의 감정은 터진다. 밤하늘 빽빽이 펼쳐져 있는 별의 수만큼이나 땅에는 시어들로 깔려 있다. 형과 상들이 저마다의 상징과 은유로 이름을 불러 주기를 고대하고 있다. 시인은 굳이 본체를 보려고 애걸복걸할 필요가 없다. 흔들리는 사물의 그림자만 잘 보아도 그것의 기미와 기척을 낚아챌 수가 있다. 하여, 나만의 언어 감옥에 갇혀 살지 말고 꼿꼿이 면벽한 채 수행하라. 집착은 종종 시인을 우스꽝스럽게 만든다. 해학humor과 풍자의 다리를 넘나들 때 시적 상상력은 폭발한다. 말을 비틀면 화자는 희화화된다. 꿈과 현실의 괴리는 낭만적 아이러니romantic irony를 낳았다. 특히 시에서 욕설은 "나, 제발, 욕이라도 먹게 해서, 정신 차리게 좀 해 줘"(김열규)라고 발버둥 치는, 병든 개인이나 부조리한 사회의 구조 신호다.

「이 시인 놈아」는 화자 '아내'의 방백aside을 통해 '시인'의 무능을 까발린 작품이다. 문청 시절 나는 시인이 되면 나라에서 월급을 주는 줄 알았다. 이 글을 쓰는 아침 나는, 청상과부로 살다 저승에 가신 어머니에게 용서를 빌어야 한다. 결혼 후 어느 날 아내가 쌀독에 쌀이 떨어졌다고 했다. 순간 나는 "왜, 쌀이 떨어졌지?"라고 반문하며 아내를 의아하게 쳐다보았다. 무능의 극치를 용서해 주길 바란다. 사랑하는 아내여! 병病이 깊이 들고서야 나는, 두 여자가 철없는 나를 위해 얼마나 고행하였는지를 깨달았다. 아내는 어린 남매를 들쳐 메고 압력밥솥처럼 팽글팽글 평생 힘겹게 돌았다. 희한하게도 그녀는 내게 한 번도 '시를 그만두세요'라고 빈말이라도 말한 적이 없다. 하여 「이 시인 놈아」는 '아내'가 그 말을 하기 전, 먼저 '나'를 꾸짖음으로써 남은 생을 비껴가고자 한다. 곰곰이 내 삶의 뒤쪽을 쪼개 봐도, 아무도 내게 "닥쳐요"라고 명령하지 않았고, 누구도 "입금 좀 제때" 하라고 지시한 적이 없다. 늘 나의 몸은 내게 있어 주체와 객체 사이에 놓인 환상이었다. 시인은 그 자체가 은유이자 알레고리allegory이며 이미지이다. 하여 "집세"를 제때 내기 위해서 "노을"이 될 필요는 없다. 가족이 밤마다 배가 고파 "보름달"을 뜯어 먹어도, "장미 년, 모란 년, 매화 년"을 "끌어안고, 행간 속에 들어가" 나오지 않아야 시인이다. 「이 시인 놈아」 속에는 현실 공간과 꿈의 공간이 역설로 재배치된다. 아무리 아내가 "빈말이라도, 돈 좀 줘 봐라, / 이 시인 놈아!" 하고 외쳐도, 이번 생에선 나는 '못 들은 척' 시로만 살 것이다.

닥쳐요, 잊히면 좀 어때요

진짜 시인이라면 구름에게 명령해요

입금 좀 제때 하라고요

집세가 없어요, 여보!

제발 노을에게 부탁이라도 해 봐요, 우리

넷이서 밤마다 보름달만 뜯어 먹을 순 없잖아요

달무리라도 덮고 실컷 울고 싶어요

당신이야 장미 년, 모란 년, 매화 년

끌어안고, 행간 속에 들어가면 그만이지만,

시인의 아내는 뭐예요

그만, 그만, 내일 바람이 송금한다는

허황한 그딴 소린, 집어치워요. 제발!

빈말이라도, 돈 좀 줘 봐라,

이 시인 놈아!

—「이 시인 놈아」 전문

결국 「이 시인 놈아」는 밥과 예술과의 관계, 시의 형식과 내용의 문제를 동시에 역설로 묻는다. "시를 쓴다는 것은 무엇인가. 그리고 시를 논한다는 것은 무엇인가. 그러나 이에 대한 답변을 하기 전에 이 물음이 포괄하고 있는 원주가 바로 시에 있어서의 형식과 내용의 문제와 동심원을 이루고 있다는 것을 우리는 쉽사리 짐작할 수 있는 것이다. 따라서 시를 쓴다는 것–즉 노래–이 시의 형식으로서의 예술성과 동의어가 되고, 시를 논한다는 것이 시의 내용으로서의 현실성과 동의어가 된다는 것도 쉽사리 짐작할 수 있는 것이다. // 시는 온몸으로, 바로 온몸을 밀고 나가는 것이다. 그것은 그림자를 의식하지 않는다. 그림자에조차도 의지하지 않는다. 시의 형식은 내용에 의지하지 않고, 그 내용은 형식에 의지하지 않는다. 시는 그림자에조차도 의지하지 않는다. 시는 자유의 과잉을, 혼돈을 시작하는 것이다. 모깃소리보다도 더 작은 목소리로 시작하는 것이다. 모깃소리보다도 더 작은 목소리로 아무도 하지 못한 말을 시작하는 것이다. 아무도 하지 못한 말을. 그것을…….”(김수영, 「詩여, 침을 뱉어라—힘으로서의 詩의 存在」에서)

그렇다. 시는 현실을 뚫고 나가는 시인의 관觀이다. 시는 불가능에 도전하는 언어 예술이다. 궁극적으로 미완성의 노정이다. 끊임없이 산꼭대기에서 굴려야만 하는 시시포스의 고뇌의 바위다. 오직 이 순간만을 파고드는 집중이야말로 ‘미완성’의 길이다. 머무는 곳마다, 서 있는 자리마다, 시가 태어나는 곳임을 자각해야 한다. 하여 시는, “궁하면 변하고(窮則變), 변하면 통하고(變則通), 통하면 오래간다(通則久)”는, 주역의 그 미완성의 극極을 사랑한다. 그래서 나짐 히크메트(터키, 1902~1963)는 이렇게 노래하였는지도 모른다. “가장 훌륭한 시는 아직 쓰여지지 않았다 / 가장 아름다운 노래는 아직 불려지지 않았다 / 최고의 날들은 아직 살지 않은 날들 / 가장 넓은 바다는 아직 항해 되지 않았고 / 가장 먼 여행은 아직 끝나지 않았다 // 불멸의 춤은 아직 추어지지 않았으며 / 가장 빛나는 별은 아직 발견되지 않은 별 / 그때 비로소 진정한 무엇인가를 할 수 있다 / 어느 길로 가야 할지 더 이상 알 수 없을 때 / 그때가 비로소 진정한 여행의 시작이다”(시, 「진정한 여행」 선분)

모란

시「모란」은 여자인 모란 입을 빌려, 저잣거리의 야한 언롱言弄을 선승의 선문답으로 치고받은 이야기이다. 시는 알쏭달쏭해야 묘하다. 요리 깎고 조리 깎고, 위로 재고 아래로 재면, 뜻이 빤질빤질하여 말맛이 적다. 살다 보면 입구가 출구가 되기도 하고, 출구가 입구가 되기도 하는 것이 선禪의 세계다. 좋은 선시는 행간과 연마다 선미가 풍겨야 제격이다. "선禪이면서 선禪이 없는 것이 시詩요, 시詩이면서 시詩가 없는 것이 선禪"(석지현)이듯, 시「모란」은 차원 높은 도의 경지에 들지 말기를 바란다. 야한 은유와 비약을 통해 카타르시스를 만끽하는, 독창적인 해학의 시로 남기를 강렬히 원한다.「모란」은 물을 매개로 서로 동화하고 드나드는 상즉상입相卽相入의 경계이자, 이어지고 또 이어지는 중중무진重重無盡의 묘법연화경의 세계이다. 하나를 통해 하나를 뛰어넘고, 일체를 통해 또다시 하나로 돌아가는 세계이다. 우주의 끝없는 시공 속에서 서로의 원인이 되며, 대립을 초월하여 융합한 이야기가「모란」이다. 선禪은 역설이자 모순이며 자가당착이다. 불가능한 사실의 열거를 통해 초월적 은유의 세계로 곧장 치고 들어간다. 극과 극의 서로 다른 두 세계를 교접한다. 이런 어법은 시적 대상에 상상력의 자유와 초월적 인식을 보여준다. 물음의 띠를 비틀어 역설의 답으로 꼬아 붙인 간화선이 「모란」이다. '둘로 나뉘지도 않고 하나에 집착하지도 않는, 무이이無二而 불수일不守一'의 화엄을 은유한 시가 「모란」이다.

스님예?

눕는 게 좋아예

서는 게 좋아예

미친년!

스님예?

물 관리는 어떻게 하여요

옮긴다!

어디로예?

업業에서 심心으로 옮긴다

호 호 호, 홋 홋

나는 구름에서 꽃 샅으로

번지어요

—「모란」 전문

「모란」은 질문과 답, 그 자체가 시의 묘처이다. 나에게 선시란 시와 도의 경계이자, 칼날 위에 서 보는 작업이다. 절벽 끝에 매달려 어디에도 없는 선법을 드러내는 일이다. 알 듯 모를 듯, 보일 듯 안 보일 듯, 구전심수의 심법이 「모란」이다. "스님예? / 눕는 게 좋아예 / 서는 게 좋아예"라고 모란이 물었을 때, 왜 스님은 "미친년!"이란 엉뚱한 선어禪語로 비꼈을까. '눕는다'와 '선다'의 그 중의적 음양 심별은 상징과 은유를 넘어선 묘법을 가리킨다. 합궁의 묘는 천지간 상생이자 상극이다. 하여, 모란은 더 깊이 찌른다. "스님예? / 물 관리는 어떻게 하여요" 기기묘묘한 언롱으로 휘감아 친다. 참으로 난감한 화두다. 몸속 물뿐 아니라 '천지간의 물 관리자가 누구인가' 하고 간화선으로 따졌다. 홀연히 들고 나온 선승의 "옮긴다"란 법구는 기막힌 '한 물건'이다. 곧바로 자기 마음을 치고 들어가 직지인심견성성불直指人心見性成佛의 경지에 도달한 돈오이다. 「모란」은 은유의 꽃이다. 하여, 여자는 물을 물로 되묻지 않고 비약을 통해 스님께, '당신의 생사관은 뭐꼬'라고 치받는다. "어디로예?"이 뚱딴지같은 물음에 선승의 화두가 절묘하다. "업業에서 심心으로 옮긴다" 꽃은 물관을 통해 꽃잎으로 물을 옮기지만, 생사의 업장 소멸은 '마음먹기에 달렸다'는 뜻이겠다. 업의 밖을 통해 업의 안을 밀어내는 방식이다. 보는 시법이 아니라 보이는 무법이다. 언어를 통해 언어를 뛰어넘는 활구이다. 눈을 뜨든 눈을 감든 같은 경지다. 본래면목은 '있음'도 없고 '없음'도 없다. 하여, 시는 들리는 것도 아니요, 들리지 않는 것도 아니다. 찾는 것도 아니요, 이미 찾은 것도 아니다. 하여 「모란」은 "구름에서 꽃 살으로" 자신의 붉은 꽃빛을 "번지어요"라고, 아리송한 선법으로 '툭' 던져 놓았다. 대상 속에 스며드는 물의 언어는 깊다. 아니, 높다. 물은 제 몸을 가둘 줄 알고 비울 줄도 아는 신물神物이다. 한 방울의 물에도 그늘이 숨어 있다. 물은 허공에 누워 잔다. 알고 보면 별들은 우주의 물통이다. 물은 하늘의 음악이자 악기다. 물은 한순간도 동일성을 유지하지 않는다. 인간에서 식물로, 풀에서 나무로, 땅에서 하늘로 이행하는 변화 그 자체다. 세계는 보이는 물보다 보이지 않는 물이 무량하다. 물은 구체를 통해 추상이 되고, 추상을 통해 구체가 된다. 하여 「모란」의 몸속 물은 꽃빛이 되고 여자가 된다. 물은 합치면 오래가고, 오래가면 반드시 갈라지고, 가득 자면 흘러넘치고, 모자라면 채워지고, 마침내 다채로운 색을 거쳐 물거품이 된다. 하여, 물은 부재의 현존이다.

귀면鬼面

왜 그날 밤 신라를 지나자 내 귀가 울렸을까, 달빛에 본 건 여왕이 아니었을까. 바람 같기도 하고 돌아다보면 보이지 않던, 그 어둠 속 지귀志鬼의 무덤 앞에 얼핏 나와 앉아 울던 그녀. (분粉이 지워져 있었다.) 그녀는, 무심코 달빛에 거울을 한 번 꺼내 봤다. 아직도 거울 속 흐릿하게 눈물로 번져 있는 지귀志鬼, 얼굴이라도 한 번 만지게 할걸. 여자로서, 처음 여왕은 천력天歷의, 후회로 초췌해 보였다. 그 새벽 그들은 석문石門을 열고 다시 천 년에 들었을까. 왜 그날 밤 신라를 지나자, 내 가슴이 그토록 아팠을까.

—김동원 「후회」 전문(시집 『구멍』, 2002)

「귀면」을 쓸 무렵 나는, 신라 제27대 선덕여왕 덕만을 향한 지귀의 상사병에 아픈 연민을 느끼고 있었다. 그녀는 선승 연적 밑에서 출가한 중이 되어 수행하다 훗날 부왕 진평왕이 죽자 환속하여 여왕이 됐다. 소판 벼슬을 지낸 김무림의 아들인 신라 고승 자장을 연모한 선덕여왕은, 임금이 되기 전 장사에 지내던 때부터 서로 애틋한 인연을 맺고 도반의 정을 나눈다. 여왕의 깊은 사랑을 자장은 받지만, 순탄치 못한 신라 왕업의 내분과 승려 신분 때문에 갈등을 겪는다. 끝내 이 둘의 사랑은 이루어지지 못한 채, 역사 속에서 긴 여운과 안타까움을 남겼다.

한편, "지귀志鬼는 경주 북쪽 활리역에서 살아가는 가난한 농부였다. 한번은 지귀가 큰길에서 우연히 여왕의 행차를 구경한 일이 있었다. 여왕의 곱고 아름다운 얼굴과 황홀한 자태, 풍만한 육덕과 금빛 현란한 치장에 그만 반해 엉뚱하게도 지귀는 여왕 덕만을 미치도록 사모한다. 지귀는 그 길로 상사병에 들고 만다. 여왕의 이름을 미친 사람처럼 중얼거리기도 하고, 잠도 못 자고 밥도 못 먹고 피골이 상접해 그야말로 몰골이 귀신 꼴이 다 되었다. 그러던 어느 날 여왕이 그의 집과 가까운 절에 분향을 하기 위해 행차한다는 소문을 듣게 된다. 지엄한 국왕의 행차 행렬을 가로막으며 지귀는 여왕을 사랑한다고 외친다. 미친놈처럼 소리치다 병졸들에게 잡혀 죽을 뻔한 것을 여왕 덕만은 가여워 구해 준다. 아무리 범부라지만 '자신을 사랑한다'는 그를 차마 벌하지 못하고 풀어 주어 가마 뒤에 따르게 했다.

이윽고 여왕이 탄 가마는 절에 닿았다. 법당에 들어간 여왕의 분향 시간은 오래 계속되었다. 그동안 신하들은 모두 석탑 아래에 앉아 여왕이 나오실 기다리고, 그 곁에서 농부 지귀도 함께 기다리다 그만 깜박 잠이 든다. 분향을 마친 여왕의 가마가 석탑 앞을 지날 때, 측은히 자는 지귀의 모습을 본 여왕이 묻는다. "저기 자는 이가 아까 그 지귀란 자者 아니냐?" "네, 미친놈입니다." 여왕은 코를 골며 천진스럽게 자고 있는 지귀의 모습을 보고, 다시 한 번 엷게 웃으며 그녀가 꼈던 금팔찌를 벗어 "지귀의 가슴 위에 얹어 주라."고 명한다. 한참 만에 눈을 뜬 지귀. 여왕을 찾아 사방을 두리번거렸지만, 그녀의 가마는 어디에도 없고 가슴 위에 놓인 여왕의 금팔찌를 안고 통곡한다. 그 순간 지귀의 가슴속엔 갑자기 불덩이가 일더니 이글이글 타오른다. 그 불길은 지귀의 입으로 뿜어 나와 그의 전신을 순식간에 새까맣게 태워 버렸다.(『수이전』)

수이전을 읽은 그 밤부터 여왕을 향한 지귀의 사랑은 들불처럼 내 심장에 옮겨 붙었다. 사랑은 불이다. 이룰 수 없는 상사병은 불길에 휩싸인 몸부림이다. 선덕여왕을 향한 지귀의 병은, 심장에 대인 미친 불의 흔적이다. 오! 그 광기, 격정의 순수, 눈먼 자의 미완성의 노래야말로 지귀였다. 지옥의 고통, 천 년을 살아낸 사랑의 예언자가 지귀였다. 그날 이후 내 귓속에는 지귀가 달라붙어 소곤거렸다. 입이 있어도 여왕을 차마 부를 수 없다고 하였다. 귀가 있어도 차마 여왕의 말을 들을 수 없다고 하였다. 밤마다 여왕이 뇌 속에 파고 들어와 '불을 지른다'며, 나를 붙잡고 울곤 하였다. 하여, 지귀는 눈을 떠도 감아도, 심장 속에 여왕이 고동친다고 하였다. 그렇다. 사랑의 꽃씨엔 언제나 시의 꽃이 핀다. 신라의 지귀는 천오백 년의 시공을 지나, 시 「귀면鬼面」속에서 다시 불의 화신이 되어 찬란히 부활한다.

밤하늘 물이 쏟아지니
딱해라 다 죽어 버렸구나

사랑은 천 개의 가면
어찌 이리 얼굴에 들러붙느냐, 귀면鬼面

왜 그 밤, 내 심장에
불을 얹어 놓았습니까

번개가 칠 때마다
남산 제일봉에 뛰어올라

퍼붓는 빗속에
천년 바람 되어 당신을 불렀건만,

흐억, 흐억, 선덕! 이 더러운 벽을
갈아엎고 싶습니다

밤하늘 불이 쏟아지니

딱해라 다 죽어 버렸구나

—「귀면鬼面—지귀의 불」 전문

사랑에 미치면 광인이 된다. 하여 "사랑은 천 개의 가면"이자, 밤낮으로 얼굴에 들러붙는 "귀면"이다. 눈먼 자에게서만 나오는 유황불이, 사랑이란 이름의 명사이다. 그것은 심연을 태운 은유의 불이자, 순수한 심장의 떨림이다. 아니다, 그것은 "왜 그 밤, 내 심장에 / 불을 얹어 놓았습니까"를 외친 지귀의 절규이다. 어둠 속 깊은 곳에 고인 핏물이다. 하여, 사랑의 명시는 피를 찍어 쓴 시다. 지귀는 오직 사랑에 미친 자일 뿐, 그 무엇도 아니었다. 나는 이루어질 수 없는 이 사랑에 지독히 앓았다. 하여, 첫 행을 "밤하늘 물이 쏟아지니 / 딱해라 다 죽어 버렸"다고 고백하였다.

이 시를 쓸 당시 나는 불혹을 지나고 있었다. "밤낮없이 시에 미쳐 몸을 망친 나머지, 갑자기 길을 가다 우주 쇳덩어리로 온 몸뚱이를 맞는 충격에 휩싸였다. 호흡이 끊어지는 아픔과 고통 속에서 가슴을 움켜잡고 기어서 집에 들어가 그대로 실신했다. 원인 불명의 병으로 극도로 몸이 쇠약해 2년새 체중이 78kg에서 54kg까지 빠져 버렸다. 환영과 정신 착란으로 공황장애까지 겹쳐 그야말로 피골이 상접했다. 한밤중 피를 토하고 오장육부가 오그라드는 혹독한 마비 증세는 귀신 소리까지 들릴 지경에 이른다. 누군가 방문을 열면 문을 통해 들어온 공기의 극히 미세한 파동 입자가 몸 구석구석까지 소곤거리며 달라붙어 지옥도 그런 아귀지옥이 따로 없을 듯했다." 극도로 몸이 쇠약해지면 환각과 환청이 들린다. "이런 현상이 내 몸에서 일어날 때, 빗물이 떨어지는 온갖 사물의 소리를 듣는 것은 환상적이다. 사물의 형태나 재료에 따라 천변만화의 악기 소리가 났다. 나의 명치끝 반경 5cm 근방은 늘 무엇이 뭉친 것처럼 마비 증세를 일으켜 호흡이 끊어질 듯 통증이 심했다. 그럴 때면 방의 평면과 입체 벽면이 순식간에 4차원 시뮬레이션처럼 빙글빙글 움직인다. 갑자기 면이 사라지는가 하면, 공기 중의 미세한 파동 입자에서 해독할 수 없는 이상한 소리들이 들리곤 했다. 그때 나는 매 순간 죽음의 착란 속에서 극심한 자살의 유혹으로부터 빠져나오려고 몸부림쳤다. 온갖 소리가 귀에 달라붙어 소곤거리는 환청은 몸서리쳐졌다."(시선집 『고흐의 시』 중에서)

그 후 나는 극심한 우울증과 정신 장애를 극복하기 위해 미친 듯이 수년간 수성못 법이산과 용지봉(629m)을 밤낮없이 맨발로 오르내렸다. 어느 여름 한낮 나는, 용지봉에서 수성못 집을 향해 뛰어 내려가고 있었다. 어둡던 먹구름이 갑자기 격렬한 폭풍과 소낙비를 동반한 뇌우로 돌변하였다. 천둥 번개를 수반한 스콜은, 엄청난 양의 물을 퍼부었다. 능반한 사람들은 삽시간에 비를 피해 마을 이래로 사라져 버렸다. 혼자 남은 나는 두려움 속에서 내리치는 번개를 피해 숲속을 짐승처럼 맨발로 달렸다. 이상하게도 빗속을 달리면 달릴수록 희열에 들떠 있었다. 그때 갑자기 지귀가 내 몸속으로 훅 들어오는 느낌을 받았다. 순간 나는 몸에 걸친 옷을 벗고, 알몸으로 법이산 바위 쪽으로 정신없이 뛰었다. 입속에선 저절로 "흐억, 흐억, 선덕! 이 더러운 벽을 / 갈아엎고 싶습니다"란 시구가 튀어나왔다. 장대비는 퍼붓고 발가벗은 나는 비를 맞으며 대자유를 만끽하였다. 바위 꼭대기에 올라 알몸으로 두 팔을 펼치고 고래고래 울면서 고함을 질렀다. 거짓말처럼 하늘에서 쏟아지던 빗물이 뚝 그쳤다. 먹구름 틈새로 푸른 하늘과 햇볕이 따갑게 내렸다. 알몸 그대로 선 채, 신천과 팔공산을 배경으로 흰 구름이 뭉게뭉게 떼로 몰려오는 것을 바라보았다. 우방타워 꼭대기가 흰 구름 수평선 위로 섬처럼 불쑥 떠올랐다. 그때까지 내가 본 구름의 아름다운 풍경 중 가장 신비로운 흰색 수평선이었다. 집에 내려와 나는 두 편의 시를 연달아 썼다. 「후회」는 2시집 『구멍』(2002)에 수록하였다. 그러나 시 「귀면」은 불완전하였다. 이십여 년 동안 묵혀 두었다가, 5시집 『빠스각 빠스스각』을 구상하면서 초고를 꺼내 퇴고에 퇴고를 거듭하여 싣는다. 지귀가 선덕을 얼마나 사랑하였는지 뼛속까지 스며들 날을 기다리며, 시행을 고치고 또 고쳤다.

하霞

시「하霞」는 노을이 만든 색채 시이다. 시안詩眼을 통한 색의 프리즘은 광적인 흥분을 자아낸다. 푸른 하늘의 공감각적 언어 구성을 지나서, 섬세한 색의 붓질, 허공에 번진 복사 꽃잎의 부조浮彫, 삶의 환을 꿰는 인상을 행간에 재빨리 채색하고 있다. 날이미지의 상상력을 스치고 지나가는 떨림의 풍경과 버무려 서정 화폭에 담고 있다. 색채 시의 세계는, 사물의 놀라운 시·공간과 시인의 내부를 넘나드는 틈입을 찌른다. 이런 시화 동원의 세계는, 화폭 속의 오브제들이 시적 주체로 변주되며, 언어로 재구성되는 과정 시학을 말한다. 기존의 동일성의 시학에서 한 발짝 더 나아가 서정 언어의 전면적 균열을 가져온다. 나는 특정 계보에서 비껴 난 인상주의 화가들이 사용한 색의 순간 터치를, 언어로 은유하여 화폭에 드로잉 하였다. 기존 시의 해체나 실험이 아니라 그것을 온전히 수용하여, 전혀 다른 세계로의 서정시를 추구하고 싶었다. 클로드 오스카 모네Claude-Oscar Monet(프랑스, 1840~1926)가「인상, 해돋이」(48×63cm. 1872년 作. 마르모탕 모네 미술관 소장)에서 시도한 붉은빛의 시어를, 노을「하霞」를 통해 즉흥적으로 물들이는 작업을 시도하였다. 세밀한 묘사와 치밀한 관찰 대신, 혼잣말로 중얼거리듯, 터치의 분할을 압축과 비약을 통해 느낌의 언어로 채색하였다.

복사꽃은 다 지는데,

뭐 하능교 아지매

간당간당 양산 쓰고

구름 지짐 두어 판

낮술 서너 병,

볼또그리 죽인다

한 만 년 저 꽃밭에서

우리 뒹굴고 나오면,

이 봄 몸에

꽃 필랑가 나비 될랑가

이불 속 몸뚱어리

문드러지는 것도 모르고

하이고,

뭐 하능교 아지매!

—「하霞」전문

그렇다. 시 「하霞」의 모티브는, 복사꽃 아래에서 양산을 들고 한 여인이 꽃잎에 코를 대고 향기를 맡는 순간을, 수채화로 포착하였다. 이 시는 그림처럼 읽어주기를 원하는 시적 의도가 바탕색으로 깔려 있다. 붉은 꽃빛이 만발한 과수원은 그 자체가 여러 겹 이미지의 화폭이다. 시시각각 변화무쌍한 빛은 미묘한 색조들의 교향악이다. 꽃나무와 나비, 봄바람과 우산 쓴 여인의 실루엣, 푸른색의 하늘과 지평선, 들녘 너머의 산의 음영을 언어로 바꿔내는 작업은 실로 경이로웠다. 공간과 사물 간의 빛의 단순한 배색은, 시의 행간을 순수한 색채로 변화시켰다. 색채 시의 요체는 복사꽃의 개화와 낙화의 인상을, 어떻게 삶의 허무와 덧칠하느냐가 관건이다. 노을은 복사꽃으로 번지고, 복사 꽃빛은 여인으로 번지고, 여인은 화무십일홍으로 사라지고 마는, 그 순수한 색의 대비가 「하霞」이다. 이런 꽃의 풍경은 화폭 속 "낮술 서너 병"을 마신 사내로 바뀌고, "간당간당 양산" 쓴 여인은 스치고, 무상함을 느낀 사내의 내면적 심미는 온통 빨간색이다. 하여 “한 만 년 저 꽃밭에서 / 우리 뒹굴고 나오면,” 이미 둘의 몸은 흙 속에 문드러져, 꽃이 나비가 되고, 나비가 꽃이 되어 있는 것이다. 「하霞」의 허무 의식은 “하이고, / 뭐하능교 아지매”에서 극점에 놓인다. 감아치는 이런 외형의 리듬은 사투리의 아이러니한 맛과 아주 결이 잘 맞는다. 사투리야말로 인상파 화가들의 정열적이고 원초적인 색채를 가장 잘 터치한 언어이다. 이런 말투는 직관의 언어이자, 사물 간의 미세한 심미적 감각의 차이뿐 아니라, 다채로운 시각적 착시 효과를 반전시킨다. 그렇다. 시 「하霞」는 ‘찰나에 포착한 그림’을 ‘언어’로 그려낸 색채의 향연이다.

월광 소나타

수묵의 세계는 태고 무법이다. 모든 사물의 근본은 하나이지만 저마다 생긴 모양이 다르다. 화법畵法은 어느 한 곳으로 귀일하나 그에 이르는 붓질은 천 갈래 만 갈래다. 있는 것은 있는 것이 아니요, 없는 것은 없는 것이 아닌 세계, 그것은 곧 화경畵境이다. 낮과 밤은 그 자체가 수묵의 세계다. 화가는 붓을 들고 천지에 나와 ‘한 번 그음’으로써, 자신의 법을 만든다. 일찍이 수묵화가 백천 서상언(1955년~)은 “하늘이 그에게 준 소명을 받들어, 점을 찍고 선을 치다 죽겠다”고

천명했다. 그에게 수묵은 법고에서 창신에 이르는 고행의 길이다. 서화가에게 '한 번 그음'은 억겁을 통해 모였다 흩어지고 흩어졌다 다시 모이는 생기의 비밀이다. 그런 먹짓을 백천은 이렇게 일갈한다. "화마畵魔에 잡히거나, 귀신도 반할 귀경을 펼치지 못할 바에, 화가는 아예 붓을 내동댕이쳐라."

그의 수묵은 파격에 가깝다. 그런 만큼 모던한 데가 있다. 기존 소재와 방식에서 벗어나 새로운 세계와 이미지를 창조한다. 즉 대상을 겹쳐 바르는 한지의 적묵법을 취해, 윤곽의 생동성과 디테일을 추구한다. 매 전시회마다 백천이 보여준 오브제에 대한 놀라운 안목과 물성의 처리 방식, 압축과 대담한 생략, 우주의 장대한 스케일 등은 그의 심미안을 약여하게 보여 준다. 이러한 묵화의 세계는 아닌 게 아니라, 조선의 정선(1676~1759)에서 출발하여, 이가염(중국, 1907~1989년)을 거쳐 소산 박대성(1945~)으로 이어져, 백천에 와서는 수묵 특유의 돈오돈수의 필법을 연출한다.

백천의 「월송도月松圖」(50×140cm. 2020년 作. 한지에 수묵 담채. 김동원 소장)를 가슴에 안고 온 그날 밤 나는, 시 「월광 소나타」를 그림 속에서 들었다. 슬픈 시처럼 어두운 화폭 속에서 '보름달'과 '노송'은 웅크려 울먹이고 있었다. 화폭 상단 가운데 보름달을 중심으로 배치된 노송의 적막은 귀먹은 베토벤(독일, 1770~1827)처럼 처연해 보였다. 달빛 여백에 비친 치기운 발묵은 '불멸의 연인'으로 불린 줄리에타 귀차르디의 살결 같았다. 소나타 14번 「월광 소나타」는 그녀에게 1801년 헌정되었지만, 화폭 속 노송의 휘어진 묵선은 베토벤의 이루지 못한 사랑의 흐느낌처럼 들렸다. 부러진 솔가지의 미학적 공간 분할은, 물 위에 달빛처럼 흐르는 「월광 소나타」 제1장의 구슬픈 선율이 되어 울려 퍼졌다. 내게 「월송도月松圖」는 「월광 소나타」의 분신이자, 베토벤(노송)과 줄리에타 귀차르디(보름달)와 동일시된다. 적묵과 초묵의 그 격조 높은 수묵화의 정신은 적요한 악보이다. 마치 「월광 소나타」의 셋잇단음표의 '반복'과 '변화'의 율조처럼, 그림 속에선 붓선의 섬세한 터치로 말을 걸어 오고 있다.

밤 바다를 밟고 보름달이 떠 있었네

그 아래 꿇어앉아 그녀에게 청혼을 했네

그녀는 수평선에 손을 얹어

월광 소나타를 쳤네

바람과 바람은 물안개 속에서

미친 듯 서로를 탐했네

아, 그때 왜 꿈속에서 그 소리가 들렸을까

안 돼, 안 돼, 안 돼, 돌아와……,

물결은 멀어지는 달빛에게 외쳤네

눈 깜짝할 새, 그녀는 물속에 잠겼네

—「월광 소나타」 전문

하여, 나는 「월송도月松圖」를 쳐다보며 밤마다 줄리에타 귀차르디(17세)의 무릎 앞에 꿇어앉아 청혼을 하는 베토벤(31세)을 연민하였다. 시 「월광 소나타」는 화폭 속 가득 불어가는 바람처럼 자유로운 형식으로 씌어졌다. 기존의 소나타 양식 혹은 피아노 스타일을 뛰어넘는 새로운 시도를 하려 했던 베토벤처럼, 나 역시 「월광 소나타」에서 색다른 서정시의 형식과 내용을 환유의 시법으로 담으려고 애썼다. 보름달로 은유 된 "그녀"를 통해, 물결 위에 "미친 듯 서로를" 탐하는 두 연인의 몸을 슬픈 악기로 형상화하였다. 하여 보름달과 노송은 영원히 만날 수 없는 어긋난 운명으로 규정된다. 아무리 꿈속에서 물결이 "안 돼, 안 돼, 안 돼, 돌아와……"라고 "달빛"에게 외치지만, 눈 깜짝할 새 그녀는 물속에 잠기고 마는 환으로 연주된다. 베토벤의 슬픈 운명처럼, 백천의 「월송도月松圖」는 생의 무상을 한지 위에 붓을 끌로 긋듯이 먹을 새겼다. 예부터 먹의 오채색은 문인화의 주된 질료로서 정신의 색을 표방한다. 「월송도月松圖」의 가장 압권은 보름달을 발묵으로 스치듯 처리한 물기 젖은 먹색의 신비에 있다. 베토벤의 맹목적 사랑에 대한 연인 줄리에타 귀차르디의 애증의 색조인 양 선염법이다. 검은색은 모든 색을 흡수한 마지막 색이자 마법의 색이다. 이 그림은 마침내 먹과 붓의 교접을 통해 옹이진 고송의 굴곡진 내면을 형이상학으로 끌어올린다. 중첩된 한지 결의 미세한 실핏줄 같은, 노송의 수피에 수백 번 덧칠한 초묵 붓질의 솜씨는 일급이다. 백천만의 이니셜로 보름달 속에 '물고기fish'를 새겨 넣은 독창성은 눈여겨볼 대목이다. 땅 밖으로 불거진 노송의 뿌리 곁에 붉은 인주로 낙관한 호와 영문 이니셜은 수묵화의 새로운 멋이다. 이런 그만의 고매한 필선과 여백의 미는 현대적 감각으로 이미지화된다. 국화 핀 어느 가을날, 나는 작설차를 마시며 그에게 물었다. "백천, 그대에게 수묵은 대체 무엇인가?" 잠시 침묵하더니 그는 "수묵이 되고 싶은 일념뿐"이라고 답했다. "하늘이 나에게 준 소명을 받들어, 점을 찍고 선을 치다 죽고 싶다"고 했다. 그런 화가로서의 도저한 정신과 소명 의식, 그리고 '되기becoming'의 과정은 그 누구도 흉내 내기 어렵다. 하여 「월송도月松圖」는 '의재필선意在筆先 화진의재書盡意在의 옛말처럼, 분명 '뜻은 붓보다 앞서고 그림이 다해도 여운이 남는' 천하 가품이다.

초희

어머니 또 그러신다 // "허리뼈가 아파야" 그러신다 // 궂은 날엔 "화전花煎이라도 한 점 먹어 봤으면" 자꾸 그러신다 // 봄비 새로 나는 흐르는데……, // 자꾸 자꾸 돌아보며 "아파야" 그러신다

—김동원, 「화전花煎」 전문

막 필락 말락한 비에 젖은 모란의 눈은 슬프다. 잠든 아내와 자식들은 이 새벽 모란의 눈가에 왜 눈물이 고였는지, 그 까닭을 모르리라. 모란은 나의 이승과 그녀의 저승 사이에, 수많은 생각의 꽃을 피우고 지게 하였다. 어둠 속 허공에서 떨어지는 빗물을 물고 있는 모란은 적막하다. 꽃잎에 떨어진 그 음색도 붉지만, 물안개 속에 싸여 흐느낀 내 젊은 날의 기억인 양 아프다. 오로지 나는 그녀만을 위해 「꽃과 여인」이란 비가悲歌를 썼다. 내 나이 스물일곱 때 어머니는 갑자기 중풍으로 쓰러지셨다. 파티마병원 근처 골목 안 셋방을 얻어

살 때였다. 집주인은 술만 취하면 병든 환자를 집에 둘 수 없다고, 방을 빼라며 고래고래 고함을 질러 댔다. 성화에 못 견딘 우리 모자는 늦가을 비가 억수같이 쏟아지던 저녁, 부랴부랴 쫓겨 이삿짐을 쌌다. 벗의 소개로 어두컴컴한 비포장길을 달려 찾아갔던 가창 대일리 선득한 골방 한 칸. 이불에 둘둘 말려 봉고 뒷좌석에 누운 채, 내 손을 꼭 잡고 놓지 않던 병든 어미의 퀭한 물기 어린 눈빛이 잊히지 않는다.

그 집은 대문을 열면 일자형 셋방이 보이고, 텃밭을 낀 마당을 돌아가면 주인 내외가 사는 기와집 안채가 좋았다. 어머니가 돌아가시기 전까지 4년을 그곳에서 시 공부를 하며 봉양하였다. 네 살 때 아버지 가시고 서른에 혼자되신 청상의 어머닌, 나만 보면 늘 화사한 꽃빛이었다. 나는 그 집에서 생애 가장 아름답고 외로운 문청 시절을 보냈다. 그때까지 객지 생활로 떠돈 나는 어머니와 마음속 깊은 정담을 나눈 적이 없었다. 전신불수가 되어서야 비로소 나는 당신 삶의 모진 뒤쪽을 엿듣게 되었다. 11살 어린 나이에 죽은 형의 이야기를 어미의 오열 속에서 들었다. 어쩌다 내가 시내에 나간 날은, 당신은 하루 종일 방에 누워 천장의 무늬를 세었다. 어눌하게나마 말씀은 할 수 있어 내가 시를 지어 읽어 드리면, 당신은 그녀의 서러운 삶과 버무려 아침 내내 시 이야기를 하셨다.

욕창이 생겨 살갗이 물러져 괴로워하시던 생전 모습을 떠올리면, 두 뺨에 불효의 눈물이 흐른다. 그 집 앞마당에는 유난히 붉은 몇 그루의 모란꽃이 고왔다. 따스한 봄날 아예 방문을 활짝 열어젖히고, 어머니는 꽃대 위에 핀 모란 꽃봉오리를 셈하는 낙으로 하루를 흘리셨다. 내가 모란 꽃잎을 여러 장 따 드리면, 뻐덕뻐덕 굳어 가는 손바닥에 얹어 놓고 몇 시간이고 향기를 맡곤 하시던 어머니. 어쩌다 빗물이 꽃잎에 떨어져 젖고 있는 모습을 볼 양이면, 당신은 혼자 입속말로 "내가 죽으면 이다음 모란이 되어야지" 중얼거리셨다. 나는 그 말이 당신의 슬픈 종언終焉 같아, 한밤중 술에 취한 채 건넛마을 단산리까지 비를 맞고 걷다 오곤 하였다.

가시기 며칠 전이었나 보다. 당신은 나를 물끄러미 보시더니, "시가 그렇게도 좋으냐"고 물으셨다. 나는 웃으며 "어머니만큼 좋아요" 철없는 대답을 하였다. 그해 추운 겨울 눈 온 날 새벽에 섬뜩해 깨 보니, 팔베개를 괸 채, 어머니는 밤새 내린 흰 눈 소리 들으며 우주 속으로 떠나가 버리셨다. 그토록 사랑하던 아들을 혼자 이승에 남겨 둔 채, 삐그덕 대문을 여시곤 모란꽃이 되려고 저승으로 바삐 가시었다. 눈 쌓인 차가운 땅에 어미를 묻고 돌아와 쓴 시가 「초희」이다.

슬픈 나의 초희! 무너지는 폭설 속에 언 땅을 파고, 어머니를 묻고 돌아온 외로운 그 밤 보았던 당신은, 너무나 쓸쓸했습니다 숲속 안개에 가려 짐짐 멀어졌지만, 다음 날도, 그다음

밤도 눈을 감으면, 당신의 실루엣이 떠오르곤 했습니다

슬픈 초희! 밤새워 시를 짓는 일은 제국을 일으키는 일과 같다던 당신의 말은, 이 어둠 속에선 눈물처럼 곱습니다

저 손을 놓은 것처럼, 이 손을 잡으러 오시겠지요 다시 한번 간절히 당신의 심장을 먹고 싶습니다 빗속에 짐승처럼 고함치며 달려도 꺼지지 않는 이 불길! 차가운 강물 속에 들어앉은 노을처럼, 이 겨울 저녁 나는, 그렇게 또 붉게 젖겠습니다

—「초희」 전문

어머니를 묻고 돌아온 그 밤, 빈방에서 내가 읽은 시는 우연히도 허난설헌(1563~1589, 난설헌은 호, 본명은 초희)의 「곡자哭子」였다. 자구마다 행간마다 어린 남매를 잃은 어미의 참척의 심정이 비통하게 번져 있었다.

去年喪愛女(거년상애녀) 지난해 사랑하던 딸을 여의고
今年喪愛子(금년상애자) 올해에 사랑하던 아들 잃었네.
哀哀廣陵土(애애광릉토) 슬프고도 슬픈 광릉의 땅이여
雙墳相對起(쌍분상대기) 두 무덤 마주 보고 나란히 섰구나.
蕭蕭白楊風(소소백양풍) 사시나무 가지에 소소히 바람 불고
鬼火明松楸(귀화명송추) 귀신불은 숲속에 반짝이는데

紙錢招汝魂(지전초여혼) 지전을 뿌려서 너희 혼을 부르노라.
玄酒奠汝丘(현주전여구) 너희들 무덤에 술잔을 붓노라.
應知弟兄魂(응지제형혼) 아! 너희들 남매 가엾은 외로운 혼은
夜夜相追遊(야야상추유) 생전처럼 밤마다 정답게 놀고 있으리.
縱有腹中孩(종유복중해) 이제는 또다시 아기를 가진다 해도
安可冀長成(안가기장성) 어찌 무사하게 기를 수 있으랴.
浪吟黃臺詞(낭음황대사) 하염없이 황대의 노래 부르며
血泣悲呑聲(혈읍비탄성) 통곡과 피눈물을 울며 삼키리.

아! 그 밤 나는 그녀의 「곡자哭子」를 통해, 어미를 잃은 나의 슬픔을 통곡하며 위로를 받았다. 하여, 나는 "슬픈 초희"에게 밤새워 시의 편지를 썼다. "저 손을 놓은 것처럼," 내 시의 "손을 잡으러" 와 달라고 간절히 소원하였다. 정말로 나는 그때 너무 외로워, 시의 붉은 심장을 먹고 싶었다. "빗속에 짐승처럼 고함치며 달려도 꺼지지 않는" 시의 불길을 주체할 수가 없었다. 그리하여 나는, 스물일곱에 생을 마감한 비운의 천재 여류 시인 '초희'를 빌려 귀신도 놀랄 명시 한 편을 얻고 싶었다. '비극'이야말로 시의 카타르시스임을 새삼 명지하였다. 딸이 죽은 바로 다음 해에 그녀의 아들도 죽었다. 하필이면 그때 그녀는 셋째를 임신한 상태였다. 극노의 스트레스를 받아 배 속의 그 아기마저 유산되었다.

아, 비통하구나, 허초히이 삶이여! 그녀가 품은 한恨은 세

가지였다고 한다. 첫째, 이 넓은 세상에서 하필이면 왜 조선에 태어났는가. 둘째, 하필이면 왜 여자로 태어났는가. 셋째, 하필이면 수많은 남자 가운데 왜 김성립의 아내(15세 결혼)가 되었는가. 그녀는 죽기 전 족히 방 한 칸 분량의 시들을 불태워 달라고 유언하였다고 한다. 그러나 비극적 삶을 살다 간 누이를 애석하게 여겨, 오늘날 전하는 시편들은 남동생 허균(1569~1618)에 의해 필사되어 시집 『난설헌집』에 수록되었다. 불행한 자신의 처지를 시작詩作으로 달래며 죽어 간 그녀는, 훗날 중국과 조선 후기 사대부 지식인들 사이에서 재평가되어, 여류 시인으로서 유일하게 천재성을 인정받았다. 비극적 인식을 바탕으로 한 그녀의 섬세한 시구는 오늘날까지도 수많은 시인에게 영향을 끼친다.

빠스각 빠스스각

흰 눈은 홍매의 꽃잎에 쌓이고 있다. 2월의 꽃샘바람은 천년 고가의 기와 홈을 어루만지고 있다. 한 점 두 점 허공에 흩날리는 흰 눈은, 깔깔깔깔 공중에서 천년의 바람과 서로 애무한다. 온갖 풍상을 겪은 그 고고한 노매老梅는 구불구불 뒤틀리고 엉켜 야윈 것이, 여인의 어깨선과 허리 곡선을 빼닮았다. 그렇다. 매화의 겨드랑이 사이에 뻗은 가지에 핀 붉은 꽃점은, 차라리 초경의 혈처럼 고왔다. 내가 엿들은 설매

雪梅의 소곤거림과 흰 눈의 입맞춤은 첫사랑의 촉감처럼 감미로웠다. 그 색조와 소리의 대비야말로 천지가 아름다운 한 몸이라는 것을 증거한다. 빠스각 빠스스각은 언 눈 밟는 소리이다. 나는 늘 매옥梅屋에 들어가 한 만 년 꽃 피는 소리를 듣고 싶었다. 폭설이 무너져 내리는 누각에 앉아 눈바람에 흩날리는, 그 무위의 스산한 율려를 듣고 싶었다. 사랑하는 여인의 술 따르는 소리를 들으며, 매향을 맡으며 만시름을 잊고 싶었다. 하여 내 시는 자연의 대담한 생략, 행간의 여백, 음양 합궁의 상상력을 격조의 예술로 올려놓는 작업이다. 일 획 속에 만 획을 품고, 그 만 획이 한 점에 수렴되는 한국화처럼, 나만의 시법에 가 닿고 싶었다. 앉으나 서나 자나 깨나 한 경지만을 생각하는 허정虛靜의 세계에 노닐고 싶었다. 하여 마침내 내 육신은 활활 타오르는 시의 다비茶毘가 되어도 좋으리라! 요즘 나는 시 속에서 '뭘 덜어내야 하는가', '보이지 않는 세계는 어떤 방식으로 만질 수 있는가', '언어의 그림자는 과연 존재하는가'를 깊이 사색한다. 시간의 피를 찍어 모든 존재의 소멸과 탄생의 흔적을, 그늘의 시어로 채색해 보려고 한다. 하여, 천지 만물과 사랑으로 뒹구는 나의 심미안은 '한 물건'을 보기 전과 본 후로 나뉜인다. 그때 본 것은 이미 그전의 나의 눈目이 아니리라.

꽃 속엔 기울이 보고 있었네

그렁그렁 눈물이 맺혔네

어둠이 내리면 사라져 버릴

이상한 일이었네

잃어버린 사랑이 와 있었네

목걸이와 루주와 반지는

바람의 손톱에서 자랐네

그 겨울 흰 눈의 이야기들이

빠스각 빠스스각 쏟아져 나왔네

그녀는 붉은 목소리로 말했네

폭설 속 메아리가 묻히기 전까지,

가슴속 흐르는 물소리가 들렸네

꽃 속엔 거울이 누워 있었네

—「빠스각 빠스스각」 전문

「빠스각 빠스스각」은 사물의 이미지를 환청의 언어로 돋을새김 한 작업이다. 사물과 사물 간의 깊이 내재한 음영을 그렸다. 직관에 의해 포착된 기발한 시적 착상과 상상력을 보여 주고 싶었다. "세상과 사물을 맺어 주는 비밀스러운 끈"(질베르 뒤랑)인 상상력을 통해 '시니피앙'과 '시니피에'란 전혀 다른 세계를 개연성의 세계로 메워 주고 싶었다. 거울을 보고 있는 꽃의 은유를 꿰뚫어 "어둠이 내리면 사라져 버릴" '지금, 여기'의 세계를 그리고 싶었다. 물질이 에너지로 에너지가 물질로 바뀌는 경계를 직시하였다. 「빠스각 빠스스각」은 무의식·초자아적 관점(신화)을 상상력으로 꿰어, '환'의 세계로 비약한 시법이다. 시인은 인간이 만들어 낸 도구인 '언어'를 통해, 우주 무의 비밀을 밝히는 작업을 천명으로 알고 수행하는 자이다. 언어는 바람의 풍화에도 자신의 지문을 남긴다. 시는 문체를 바탕으로 언어의 끌로, 시인의 내면 깊이를 각刻하는 작업이다. 현대시는 구체성에서 추상의 이미지를 끌어낸다. 최근 나는 발 디딜 틈 없는 온갖 상징의 잡동사니로 가득 찬, 낡은 내 시어들을 현대적 감각으로 재구성하고 있다. 한물간 상투적 표현, 피상적인 사물의 편린, 범람한 감정의 흔적, 불필요한 췌사들까지, 조목조목

뜯어고치려고 한다. 기존 서정의 넋두리와 묘사적 진술을 과감히 버리고, 이미지를 형태소로 쪼개어 몽환의 방식으로 무화시키고 있다. 수십 년 묵은 언어들을 뇌에서 털어낸다는 것은, 관념을 끊는 것만큼 어렵다. 눈을 버리고 마음을 버리고 이치를 버리고, 궁극으로 접接의 시학으로 건너가고 있다. 탈주체의 문제나 기존 시법의 극단적 해체는 여전히 숙제이다. 하여 나는 "그 겨울 흰 눈의 이야기들이 // 빠스각 빠스스각 쏟아져" 나오는 은유의 악기를 통해, '소리'의 원관념을 새롭게 형상화하였다. 마침내 '내면 속에 머물지 못하고 심장 밖으로 튀어나오는' 이상한 웅얼거림 같은 것들을 불러내 보고 싶었다. 하여 나의 시작詩作은 언어와 비언어 사이의 귀경鬼境을 지나, 천기누설의 살아 움직이는 신령스런 언어 이전의 경계선에 서 보는 일이다.

앰뷸런스

그믐달은 마스크를 끼었다 // 음압 병상에 누운 // 흰 몸을 비추고 있다 // 아무도 손을 만지지 않는다 // 마스크와 마스크만, 다급히 // 복도에 흘러 다닌다 // 거친 숨소리 병동에 갇혀 흔들릴 뿐, // 눈짓과 눈짓 사이 // 흰 몸이 떨어지고 있다

—김동원, 「흰 몸」 전문

불안의 이미지로 실존을 잠재울 수 있을까. 한밤중 아파트 옆 동에선 앰뷸런스가 요란한 경적을 울린다. 누군가 또 구급차에 실려 가고 있다. 잠 깬 불면의 새벽, 캄캄한 거실에 앉아 벽에 움직이는 그림자를 보고 있다. 밑도 끝도 없이 흐느적거리는 바람이다. 리얼리티란 방식으로 바이러스는 현실에 잠복한다. 죽음을 넘어 소문의 시공간을 활보한다. 몸과 몸을 타고, 꿈 밖의 꿈 이야기를 들려주는 '신화'로 읽힌다. 보이지 않는 세계를 통해, 보이는 형식으로 '증식增殖'한다. 바이러스는 전쟁보다 더 철학적이다. 무덤보다 더 시적이다. 땅속에 파묻는 방식으로 사실 너머의 세계를 묻는다. 전격적인 이 봉쇄 작전은 무슨 예언의 징조일까. 페스트 이후, 듣도 보도 못한 사유의 전복을 인간에게 요구한다. 지옥과 천국 사이의 '부름'과 '응답'에 대한 비가悲歌일까. 아니, 타자他者와 대치할 수 없는 개개의 독자적 실존의 부활일까. 그때 그 순간 그 자리의 비밀이, 고스란히 행간 속에 드러나 있는 침묵의 흔적일까. "오늘 하루"는 "이 지상에서" 그냥 흘러가도 되는 환영일까.

오늘 하루가 이 지상에서

그냥 흘러가도 되는 줄 알았다.

너를 만나기 전엔,

오늘 하루가 이 세상에서

가장 지루한 날인 줄 알았다.

너를 만나기 전엔,

저 길거리에 봄이 그냥 오는 줄 알았다.

그냥, 매화가 피고

그냥, 목련 꽃잎이 떨어지고

아까운 목숨들이 간밤에 사라져 가도,

음압 병실에 실려 가는

그 다급한 앰뷸런스 소리를 듣기 전,

오늘 하루는

마음대로 쓰다 버리는 몸인 줄 알았다.

한 번도 절실하게 별을 쳐다보지 못한 눈빛

너를 만난 후,

39.5℃의 열에 들떠 어둠 속 허우적거려야만,

사랑하는 사람들을 다시, 볼 수 있다는 것을 알았다.

—「앰뷸런스」 전문

현실은 언제나 문학을 규정한다. 실존은 '흔들리면서 흔들리지 않는 존재의 아름다움'으로 드러난다. 시는 말을 넘어선 메타포이자, 그 너머의 흔들림에 대한 사유이다. 사이와 사이에서 사라지는 '몸'은, 종종 흔들린다. 사르트르(프랑스, 1905~1980)의 저 유명한 명구 "실존은 본질에 앞선다 l'existence précède l'essence"는, 당시 전후 예술인들을 사로잡았다. 이 글을 쓰는 순간 '내 몸은 코로나에 앞선다.' 시 「앰뷸런스」는 수많은 주검들이 무더기로 냉동차에 실려 어둠 속 버려지는 것을, 영상으로 목격한 직후 씌어졌다. 2월의 대구 거리는 캄캄한 겨울 칼바람뿐이었다. 상점마다 거리마다 어둠 속 굳게 입을 닫았다. 텅 빈 도시는 상가喪家처럼 적막하였다. 승객이 없는 빈 버스만 유령처럼 흘러 다녔다. 겁먹은 마스크와 마스크가 말없이 서로 비켜 갔다. 고개를 떨군 채 아무도 쳐다보지 않았다. 애써 침착하였으나 눈길은 불안하고 초조하였다. 다급한 환자를 싣고 앰뷸런스는 거리마다 공포를 몰고 다녔다. 이 지상에서 "오늘 하루" 모두가 "그냥" 무사하기만을 바랐다.

마스크를 낀 채 아내와 나는, 그 봄날 인근 시골 들녘으로 '숙주宿主'를 피해 다녔다. 아니 숙주인 내가 숙주인 인간을 피해 다녔다. 얼음이 풀리어 계곡 사이로 맑은 물소리가 났다. 산야에 "매화"는 저 혼자 피고 지고 하였다. 봄볕에 냉이가 흙을 밀고 나오고 있었다. 산 너머 도시는 죽음의 바리케이드가 쳐졌는데, 자연은 신기하게도 스스로 움직이고 있었다. 하는 일이 없는 것 같으나 햇살은 그 가운데서 생명을 키웠다. 복사꽃 과수원 둔덕에 쪼그리고 앉아 우리는 자식을 걱정하며 컵라면을 먹었다. '산다는 것이, 참 비루하고 높고 쓸쓸하다'는 생각을 하였다. 밭둑과 논두렁 너머 뭉게구름은, 파란 하늘 위에서 비현실처럼 지워지고 있었다. 한때 나는 "저 길거리에 봄이 그냥 오는 줄 알았다." 그러나 지금은 "아까운 목숨들이 간밤에" 사라지고 있다. 속수무책은 죽음보다 눈앞의 풍경을 오히려 몽환적으로 만들었다. 아지랑이가 피어오르고 벚꽃이 지고 논두렁 사이를 걷는 동안 "목련꽃잎"은 발아래 수북이 쌓였다. 아무리 들고 나는 것이 생사의 이치라지만, 수백만 명의 목숨이 수의壽衣도 입지 못한 채 땅속에 심어졌다. 환경을 파괴한 인간의 업業이 이토록 질겼다. 바이러스는 현대 예술과 흡사하다. 소통을 거부하고 폭력적이며, 획일성을 가장한 추상이다. 집요하게 타자를 서서히 고통스럽게 파괴한다. 어쩌면 "현실은 예술보다 더 기만적"(헤겔)인지도 모른다. 문학은 코로나 팬더믹 이전과 이후의 경계로 나뉠 것이다. 천도가 막히고 지도가 바뀌고, 살아남은 자는 녹색을 찾아 나설 것이다. 먹거리, 볼거리, 소통의 광장이 무덤의 숙주가 되었다. 모이면 죽고 흩어지면 산다. 그래도 마지막까지 가족과 사랑은 사피엔스의 유일한 둥지가 될 것이다. 인간은 세계사적 문명의 변곡점에 서 있다. 훗날 이런 현실의 혹독한 시련은 '문학을, 시를, 예술을' 더욱더 단련할 것이다. '바이러스'와 '마스크'는 21C 가장 새로운 예술의 상징물이 되었다.

추사秋史

예술은 '법고法古와 창신昌新'이란 치열한 논쟁과 갈등의 진창 속에서 핀 연꽃이다. 박지원(1737~1805)의 『초정집서楚亭集序』는 명쾌하다. "아! 소위 '법고' 한다는 사람은 옛 자취에만 얽매이는 것이 병통이고, '창신' 한다는 사람은 상노常道에서 벗어나는 게 걱정거리이다. 진실로 '법고' 하면서도 변통할 줄 알고 '창신' 하면서도 능히 전아하다면, 요즘의 글이 바로 옛글인 것이다." 한발 더 나가 연암은, 창신만 고집한다면 "세상이 괴이하고 허탄하며 음탕하고 치우쳐 있는데도 두려워할 줄을 모른다(世遂有恠誕淫僻而不知懼者)."고 일침을 놓았다. 즉, 옛것을 무작정 본뜨면 형식에 매달리고, 새것만 추구하다 보면 내용이 기괴해진다는 뜻이다. 전통의 맹목적 답습과 새것의 기괴망측한 경계를 동시에 질타하였다. 하여 연암은 "옛것을 본받더라도 변화시킬 수 있고(法古而知變), 새것을 만들더라도 법도에서 어긋나지 않는다(刱新而能典)"면, 그것이 곧 법고창신의 길이라 하였다. 옛것에 토대를 두되 그것을 변화시킬 줄 알고 새것을 만들어 가되 근본을 잃지 않아야 한다는 뜻이겠다.

—신호열, 『연암집(상)』 p.24, 독해

내가 추사에 맛들린 것은, 순전히 서정주(1915~2000)의 시비 「선운사 동구」 덕분이었다. 미당의 시 세계에 푹 빠져 살던 스물 중반 무렵, 나는 후배와 함께 시인의 발자취를 좇아 선운사 가는 길목에 서 있는 「선운사 동구」란 시비 구경을 갔다.

선운사 골째기로
선운사 동백꽃을 보러 갔더니
동백꽃은 아직 일러 피지 안 했고

막걸릿집 여자의 육자배기 가락에
작년 것만 상기도 남었습니다.
그것도 목이 쉬어 남었습니다.

—서정주, 「선운사 동구」 시비 전문

바윗돌을 깎아 만든 이 시비는(1974년 제막) 묘한 느낌으로, 미당의 친필로 음각 되어 있었다. 미당은 매 시편마다 시의 제재를 온전히 자기류로 장악하였다. 시 행간 속에는 늘 한국인의 원형 정서와 전라도 사투리 가락과 한恨이 꿈틀댄다. 그의 시를 읽다 보면 무엇을 쓰려고 집착하지 않는 반면, 쓰지 않고는 배길 수 없는 하늘이 내린 음성이 들린다. 율려가 있는가 하면 삶의 굴곡이 있고, 시적 허구로 가득 차 있는가 하면 영원성에 닿아 있다. 그 무궁무진한 상상력과 사투리에 스며 있는 어조, 속도, 고저, 음색, 장단, 강약을, 미당은 천의무봉으로 시 속에 부려 썼다. 「선운사 동구」는 판소리의 한 박자 눌러 가는 말솜씨도 일품이지만, 막걸리집 여자의 그 진양조장단의 육자배기 가락은 구슬프다. 동백꽃을 보지 못한 서운함보다, 목이 쉰 그 술집 여자의 구성진 설움은 더 북받친다. "선운사 골째기로 / 선운산 동백꽃을 보러 갔더니"의 반복적 율조도 기막히지만, "작년 것만 상기도 남었습니다. / 그것도 목이 쉬어 남었습니다"는 얼마나 슬픈 시구인가. 이번 생에서는 어쩔 수 없는 그 아쉬운 체념이

'—습디다'의 종결형 속에 비애로 그득 고여 있다. 마치 동백꽃 모가지가 '툭' 하고 땅에 떨어지는 소리를 듣는 것처럼, 그 청음聽音은 애조를 띤다.

선운사 동백은 3월 말부터 피기 시작해 4월 초순 무렵에 만개한다. 대웅전 뒤쪽 언덕을 배경으로 피고 지는 오백 년 동백꽃 숲의 붉은 물결은 장관이었다. 시비 「선운사 동구」를 구경하고 절간 경내를 돌아 나오다, 추사 김정희(조선, 1786~1856)가 쓴 '백파선사비문'을 발견하였다. 1855년(70세) 추사는 비문 앞면을 금석기 특유의 칼칼한 해서체로 '華嚴宗主白坡大律師 大機大用之碑 화엄종주백파대율사 대기대용지비'라 쓰고, 뒷면은 "유려하고 정중하면서도 도도한 행서체"(유홍준)로 비문의 내력을 써 내려갔다. 특히 나는 앞면 큰 글씨 중에 백파 스님의 선법을 집약한 '大機大用' 넉 자가 심장에 와 닿았다. 이날의 인연으로 훗날 '대용大用'은 내 아들의 이름이 된다. 그날부터 나는 얼토당토않게 무엇에 씐 듯이, '왜, 추사체인가' '문인화란 무엇인가'란 질문을 하며 긴 시간을 헤매게 된다.

"문인화는 시서화를 그림 속에서 통일하여 모든 사람에게 회화의 정통 규범으로 공인되기에 이르렀다. 글씨와 그림의 근원은 같다는 서화 동원의 논리는 예로부터 공유되던 인식이었지만, 문인화에 이르러 의식적으로 서예의 필법을 그림의 필법으로 운용했다. 문인화가들이 '조사祖師'이자 '권위'로 인정하던 왕유가 바로 '시 속에서 그림이 있고, 그림 속에 시가 있는' 경지에 있었다. 시의는 본래 화취畫趣의 소재지로, 문인화는 바로 그 자리에서 그림에 시를 써넣어 화의畫意를 한층 더 심화했다. 그런데 시는 붓글씨로 쓰기 때문에 시를 그림에 끌어들인다는 것은 곧 시와 글씨를 함께 그림에 도입한다는 뜻이다. 화공 및 화원 그림과의 구별이 문인화 형성의 주요 동기였다는 점에서 이 같은 형식은 매우 성공적이었다. (……) 시와 글씨를 그림에 도입한다는 것은 시를 자유로이 지어 써넣을 수 있어야 할 뿐만 아니라, 시의 배치가 전체 화면과 유기적으로 조화를 이루어야 한다는 뜻이기도 하다. 전체 구도와의 조화를 고려한 시의 배치, 글씨와 그림의 필묵을 통일하는 예술상의 문제는 회화의 예술적 깊이를 한층 심화했다. 그러나 더 중요한 점은 시와 그림이 서로를 보완해 주고 있다는 사실이다. 시는 그림에 대해 이해를 한층 더 깊게 하고, 그림은 시의 운치를 바로 보여 준다. 여기에 제발題跋과 인장印章까지 더하니 산문의 요소와 전각篆刻의 공예 또한 그림에 도입되었다고 할 수 있다. 이 같은 비회화적 요소는 이미 그 자체로 독특한 심미 기능을 가지고 있으면서, 또한 회화 구도의 유기적인 부분이 되었다. 그 결과 회화의 심미적 의미가 극도로 풍부해졌으며, 이를 통해 구도에서 필법, 의경에 이르기까지 다양한 층위가 융합될 수 있었다. 앞서도 말했듯이 문인의 서재는 그 자체가 하나의 예술 세계였다. 시서화가 융합된 문인화는 이 세계에서 태어난 가장 아름다운 꽃이다."[중국, 장파(張法, 1954~) 교수 / 『중국 미학사』 중에서]

내가 조선 문인화의 꽃 「세한도歲寒圖」(23.7×61.2cm. 종이에 수묵. 개인 소장. 국보 180호)를 처음 접한 것은, 오주석의 명저 『옛 그림 읽기 1』에서였다. 옛 그림에 대한 그의 기막힌 해설은 탄복을 자아낸다.

> 「세한도」는 당대의 통유通儒 추사秋史 김정희(金正喜, 1786~1856)가 1844년 환갑을 바라보는 나이로 제주도에서 오 년째 유배 생활을 하던 중에, 그의 제자 우선藕船 이상적(李尙迪, 1804~1865)이 자신을 대하는 한결같은 마음에 감격하여 그려 보낸 작품이다. (…) 「세한도歲寒圖」에는 염량세태의 모질고 차가움이 있다. 쓸쓸한 화면엔 여백이 많아 겨울바람이 휩쓸고 지나간 듯한데 보이는 것이라고는 허름한 집 한 채와 나무 네 그루뿐이다. 옛적 추사 문전에 버글거렸을 뭇사람들의 모습은커녕 인적마저 찾을 수 없다. 화제畵題를 보면, '세한도 우선시상藕船是賞 완당'이라고 적혀 있다. '추운 시절의 그림일세, 우선이! 이것을 보게, 완당'이란 뜻이다. 화제 글씨는 기품이 있으면서도 어딘가 정성이 스며 있는 듯한 예서隸書로 화면 위쪽에 바짝 붙어 있다. 그래서 화면의 여백은 더욱 휑해 보인다. 이러한

텅 빈 느낌은 바로 절해고도絶海孤島 원악지遠惡地에서 늙은 몸으로 홀로 버려진 김정희가 나날이 맞닥뜨려야만 했던 씁쓸한 감정 그것이었을 것이다. 까슬까슬한 마른 붓으로 쓸 듯이 그려 낸 마당의 흙 모양새는 채 녹지 않은 흰 눈인 양 서글프기까지 하다.

그러나 「세한도歲寒圖」에는 꿋꿋이 역경을 견뎌 내는 선비의 올곧고 견정堅貞한 의지가 있다. 저 허름한 집을 찬찬히 뜯어보라! 메마른 붓으로 반듯하게 이끌어 간 묵선墨線은 조금도 허둥댐이 없을 뿐만 아니라 오히려 너무나 차분하고 단정하다고 할 정도다. 초라함이 어디에 있는가? 자기 연민이 어디에 있는가? 보이지 않는 집주인 완당 김정희, 그 사람을 상징하는 허름한 집은 외양은 조촐할지언정 속내는 이처럼 도도하다. 남들이 보건 안 보건, 미워하건 배척하건 아랑곳하지 않고, 그는 이 집에서 스스로가 지켜 나아갈 길을 묵묵히 걷고 있던 것이다. 고금천지에 일찍이 유례가 없는 저 강철 같은 추사체秋史體의 산실産室이 바로 이곳이 아니었던가. 유배지의 추사는 왼편의 화발 글씨가 그러한 것처럼 엄정하고도 칼칼하게 자기 자신을 지켜 나가고 있었다.

「세한도歲寒圖」에는 또한 영락한 옛 스승을 생각해 주는 제자의 따뜻하고 고마운 마음이 있다. 집 앞에 우뚝 선 아름드리 늙은 소나무를 보라! 그 뿌리는 대지에 굳게 박혀 있고, 한 줄기는 하늘로 솟았는데 또 한 줄기가 가로로 길게 뻗어 차양처럼 집을 감싸 안았다. 그 옆의 곧고 젊은 나무를 보라! 이것이 없었다면 저 허름한 집은 그대로 무너져 버리지 않았겠는가? 윤곽만 겨우 지닌 초라한 집을 지탱해 주는 것은 바로 저 변함없이 푸른 소나무인 것이다. 멀리서나마 해마다 잊지 않고 정성을 보내 준 제자 이상적인 것이다. 그 고마움이 추사의 마음에 얼마나 깊이 사무쳤던지 유독 나무들의 필선筆線은 더욱 힘차고 곳곳에 뭉친 초묵焦墨이 짙고 강렬한 빛깔로 멍울져 있다. 그 마른 붓질渴筆이 지극히 건조하면서도 동시에 생명의 윤택함을 시사하고 있음은 참으로 감격적이다.

집 왼편 약간 떨어진 곳에 선 두 그루 잣나무는 줄기가 곧고 가지들도 하나같이 위쪽으로 팔을 쳐들고 있다. 이 나무들의 수직적인 상승감은 그 이파리까지 모두 짧은 수직선 형태를 하고 있어서 더욱 강조된다. 김정희는 이 나무들에서 희망을 보았는지도 모른다. 앞서 보았듯이 「세한도」에는 절해고도 황량한 유배지의 고독과 이를 이겨 내면서 자신이 할 수 있고 해야 하는 것에 매진하는 추사의 의지와, 변치 않는 옛 제자의 고마운 정이 있었다. 그리하여 여기서 추사는 이제 기대할 수 없는 앞날의 희망까지도 생각하고 있는 것은 아닐까? 「세한도」란 결국 석 자 종이 위에 몇 번의 마른 붓질이 쓸고 지나간 흔적에 지나지 않는다. 그러나 거기에는 세상의 매운 인정과 그로 인한 씁쓸함, 고독, 선비의 굳센 의지, 옛사람의 고마운 정, 그리고 끝으로 허망한 바람에 이르기까지 필설筆舌로 다하기 어려운 많은 것들이 담겨져 있다. 「세한도」를 문인화文人畵의 정수라고 하는 이유가 여기에 있다.

—오주석 『옛 그림 읽기 1』 중에서

훗날 나는 제주 대정리 추사 유배지를 보기 위해, 녹동항과 제주항 루트를 따라 밤 바다를 건넜다. 캄캄한 어둠 속에서 출렁이는 뱃길을 따라 흐느적거리던 그 물안개는, 추사의 혼령 같았다. 유리 안치된 그분의 초막을 보자, 절해고도에서 느꼈을 추사의 적막이 뼛속에 저몄다. 이후 유홍준의 『완당 평전』 1, 2, 3권과 또 다른 서첩들을 섭렵하면서, 추사의 높고 깊은 예술과 학문의 대강을 엿보았다. 추사가 활동한 18세기 말과 19세기 조선은, 진경 시대의 화려한 절정기였다. 그는 정치적으로는 불운했지만 예술가로선 마지막 불꽃 같은 존재였다. 박제가(1750~1805)를 스승으로 모시고 북학사상을 통해 조선 사회의 변혁을 꾀한 사상가이자, 문사철과 시서화에 통섭한 금석학과 고증학의 대가였다. 특히 24살 때 부친을 따라 청국 사행에 자제 군관으로 동행하여 문물을 접한 경험은, 추사 예술의 일대 변혁을 몰고 왔다. 박규수(1807~1876)에 따르면, '완옹(阮翁, 추사)의 글씨는 어려서부터 늙을 때까지 그 서법書法이 여러 차례 바뀌었다. 어렸을 적에는 동기창董其昌에 뜻을 두었고, 중세(中歲, 스물네 살에 연경을 다녀온 후)에 옹방강을 좇아 노닐면서 열심히 그의 글씨를 본받았다. 그래서 이 무렵 추사의 글씨는 너무 기름지고 획이 두껍고 골기骨氣가 적었다는 흠이 있었다. 그리고 나서 소동파蘇東坡와 미불米芾을 따르고 이북해(李北海, 唐의 李邕)로 변하면서 더욱 굳세고 신선해지더니 (……) 드디어는 구양순歐陽詢의 신수神髓를 얻게 되었다. 만년에 제주도 귀양살이로 바다를 건너갔다 돌아온 다음부터는 남에게 구속받고 본뜨는 경향이 다시는 없게 되고 여러 대가의 장점을 모아서 스스로 일법一法을 이루게 되니 신神이 오는 듯 기氣가 오는 듯, 바다의 조수가 밀려오는 듯하였다.'"(유홍준 『완당 평전』 1권 p.24) 그러하다. 옹방강, 완원 등과 사제의 연을 맺은 추사는, 왕희지, 구양순으로 대표되는 정법 서체 외에 옛 한나라 비석에 새겨진 예서체를 흡수한다. 그는 한례漢隷의 필법을 연구, 해서에 응용하였으며, 9년간의 제주 유배를 통해 독보적인 추사체를 창안하였다. 당시의 서체와 구별되는 개성이 강한 추사체는, 굵고 가는 획의 음양 차이가 심한 필획과 각이 지고 비틀어진 듯하면서도 파격적인 방필方筆의 조형미를 보여 준다. 이런 추사체의 괴怪, 졸拙, 허虛의 세계는, 불계공졸, 대교약졸로 집약된다.

나는 추사 노년의 예서 명작 「호고연경好古研經」(각 124.7×28.5cm. 삼성미술관 리움 소장. 보물 제1685-2호), 「잔서완석루殘書頑石樓」(31.8×137.8cm. 손창근 소장), 「침계梣溪」(42.8×122.7cm. 간송미술관 소장), 「죽로지실竹爐之室」(30×133.7cm. 호암미술관 소장) 등의 작품을 오랫동안 완상하였다. 예서야말로 추사체의 멋과 개성이 마음껏 발휘된 격조 높은 미학의 세계를 담고 있다. 특히 내가 깊이 사색한 추사의 작품은 「향조암란香祖庵蘭」(26.7×33.2cm. 개인 소장)과 「불이선란도不二禪蘭圖」(30.6×54.9cm. 개인 소장)이다. 전자는 파격의 여백과 난초의 멋들어진 공간 구성의 절묘함이 좋았다. 후자는 힘없이 꺾여 곧 시들어 버릴 듯한 마른 담묵의 그 쓸쓸한 붓질에서 측은지심을 느꼈다. 훗날 나는 화폭 속에서 우두커니 밖을 쳐다보는, 마른 난 잎에 비친 늙은 추사의 적막을 알아챘다. 하여 노래한 시가 「불이선란도不二禪蘭圖」이다.

흐득흐득 피를 갈아 선線을 치셨구나

묵기墨氣 흘러내린 난 잎은 꺾여

저승에 밀어 넣고,

한 꽃대 허리 젖혀 이승에 뿌리 뻗어

여기가 어디지,

그 아득한 좌선 묵란 한 송이

—「불이선란도不二禪蘭圖」 진문

“어떤 기법에 얽매이거나 사물의 세부 묘사에 치중하지 않는 문인화, 그 가운데서도 추사의 「세한도」와 「부작란도不作蘭圖」[일명, 불이선란도(不二禪蘭圖)]는 정수에 해당한다. 후자의 경우 제작 연대는 추사가 오랜 유배 생활에서 돌아와 말년에 부친 묘소가 있는 과천에 은거하며 서화와 선학에 몰두한 시점과 일치한다. ‘부작’과 ‘불이’라는 어의에는 일말의 선적인 느낌이 들고 추사 만년의 사유가 깃들어 있다. 부작의 부는 흔히 ‘아니다·없다’의 부정사로 통용되지만 ‘크다’의 뜻이 있다. 그리고 가능태로서 아직 피지 않은 꽃봉오리나 꽃망울을 나타낸다. 부는 비非와도 친연성이 있다. 비는 새가 하늘로 날아오르는 비飛와 동음인 터이어서 무한한 가능성을 의미한다. 부작의 의미는 언어로서 언어를 벗어난 선의 경지와 맥을 같이 한다. (…) 작作은 지음이다. 추사는 「부작란도」의 제발題跋에서 난초 그림을 그린다描蘭畵고 하지 않고, 왜 그림을 짓는다作蘭畵고 했을까? 밥을 짓고 농사를 짓고 옷을 짓고 시를 짓듯이, 지음은 단순한 창작 수단이나 방법이 아니라, 창조와 생명의 차원을 내포한다. 선가에선 이런 작을 두고 상등 근기上等根機의 사람이라고 일컫는다. 부작은 작의 다른 경지이자 미완의 아름다움이다. 다음은 부작란도의 화제에 해당하는 칠언절구의 한시이다.

不作蘭花二十年 / 난을 그리지 아니한 지 아마 스무 해

偶然寫出性中天 / 우연히 그려진 건 내 천성이구나
閉門覓覓尋尋處 / 문 닫고 깊이 마음을 밝히니
此是維摩不二禪 / 여기가 바로 유마의 불이선일세

작이 필연의 결과라면, 부작은 우연의 산물이다. 부작은 오랜 세월 그리지(또는 짓지) 않았을 때 불현듯 화가의 마음 속에 솟구치는 꽃대 같은, 아니 감춰진 하늘의 본성(性中天) 같은 것이다. 그림에서 난은 추사의 저간 생을 반영이라도 하듯 부드럽거나 유연하지가 않으며, 거칠고 꺾여 있는 모습이다. 바로 그 자리에서 꽃은 피어나고 향기가 발하는 법. 이 불이선란에서 화가는 말한다. '난蘭 치는 법은 예서隸書를 쓰는 법과 가깝다. 반드시 문자文字 향과 서권書卷의 기가 있은 다음에야 제대로 되는 것이다.'(추사, 「우아에게 주다(與佑兒)」, 『완당 전집』 권2) 흉중에서 청고하고 고아한 뜻이 무르녹아 마침내 손끝에서 피어나는 순간이다. 추사 말년의 양식은 청련 시경靑蓮詩境 즉 맑고 푸른 연꽃이 한 편의 시를 이루는 경지에 있다. 난蘭과 선禪은 이제 둘이 아니다. 자신이 발 딛고 선 바로 그 자리가 불이의 선처禪處라는 사실. 난잎 10개를 그리다 만 것 같은 이 미완의 서화 부작란도에서 우리는 모든 살아 있는 것의 묘용을 느낀다. 하여 '부작·아니 지음·함이 없는' 이 무위의 기법은 상 근기 중 상 근기에 해당한다. 10이란 수는 모든 것 즉 완성을 뜻한다. 그것은 끝이자 새로운 시작이며, 무극無極과 미토未土의 자리다. 10은 모든 상대성을 초월한 절대 자리이며 중中이다. 이를 암묵적으로 표상하는 게 다름 아닌 하나의 꽃대다. 그렇다면, 하나의 상상과 에너지는 어디서 오는가?"(김상환 미학 에세이 『부작(不作)의 난(蘭)』 중에서)

추사는 「불이선란도」를 그린 이유를 화제 속에 밝혀 두었다. "난초꽃을 그리지 않은 지 20년 만에 뜻하지 않게 깊은 마음속의 하늘을 그려냈다. 문을 닫고 마음 깊은 곳을 찾아보니 이것이 바로 유마힐의 불이선不二禪이다."라고 썼다. 또 조금 작은 글씨로 "만일에 누가 그 이유를 설명하라고 강요한다면 역시 또 비야리성에 살던 유마힐의 무언으로 거절하겠다."고 하였다. 「불이선란도」는 '화선 일경'의 세계다. 난잎의 물기 빠진 먹빛은, 색이자 공이며 추사 노년의 무욕한 예술 경지의 표상이다. 아무렇게나 "흐득흐득 피를" 찍어 묵란의 굽은 선을 쳤다. 저승과 이승 사이로 언뜻 본 비밀한 경계는, 평생 그가 추구한 견독見獨의 세계이다. 왜 나는 그 난화蘭畫 속에서 세상을 향해 흐느끼고 있는 추사를 보았을까. 마치 '모든 일체중생이 아프지 않을 때까지, 부처가 되지 않겠다'던 유마힐의 포효처럼, "여기가 어디지,"라고 쳐다보던 추사의 젖은 목소리를 분명 들었다. 정녕 추사는 세상을 버리고서야, 온전히 그림을 얻었을까. 「불이선란도」 속에는 다음 생의 또 다른 추사의 인연법이 보인다. 돌아보면 아무것도 없는, 들어도 들리지 않는, 만질 수도 가질 수도 없는, 그래서 허허로운 니힐리즘이 있다. 자꾸만 멀어지는, 아슬아슬한 벼랑 끝에 핀 그 슬픈 "묵란 한 송이". 보기는 하되 보지 못하고, 듣기는 하되 듣지 못하는 불이不二의 세계를 추사는 고이 품었다. 하늘의 '부름'을 통해 묵란으로 '응답'한 그 비극의 예술혼을 펼쳤다. 알고 보면 삼라만상은 화경畵經이다. 무위의 침묵, 그 비백을 스쳐 마침내 유마힐에게 다다른 추사. 하여 추사는 "초서와 예서의 이상한 글씨체로 (난을) 그렸으니 세상 사람들이 어찌 이를 이해하고 어찌 이를 좋아할 수 있으랴." 혼자 중얼거렸다. 나는 지금도 왼쪽에서 오른쪽으로 지그재그로 써 내려간 추사체의 기괴함과 파격을 본다. '추사를 모르는 사람도 없지만 아는 사람도 없다'고 한, 세속의 말은 정녕 허언이 아니다.

미완성

보아도 보이지 않는 것을 이름 하여 이夷라 하고 / 들어도 들리지 않는 것을 / 이름 하여 희希라 하고 / 만져도 만져지지 않는 것을 / 이름 하여 미微라 한다. / 이夷·희希·미微 이 셋은 / 꼬치꼬치 캐물을 수 없다. / 그러므로 뭉뚱그려 하나로 삼는다. / 그 위는 밝지 아니하고 / 그 아래는 어둡지 아니하다. /

이어지고 또 이어지는데 이름 할 수 없도다. / 다시 물체 없는 데로 돌아가니 / 이를 일컬어 모습 없는 모습이요 / 물체 없는 형상이라 한다. / 이를 일컬어 홀황하다 하도다. / 앞에서 맞이하여도 그 머리가 보이지 않고 / 뒤에서 따라가도 그 꼬리가 보이지 않는다. / 옛 도道를 잡아 오늘의 있음을 제어하다. / 능히 옛 시작을 파악하니 / 이를 일컬어 도의 벼리라 한다.

—김용옥 『노자가 옳았다』(도덕경 14장 한글 역주)

노자(초나라)는 우주를 텅 빈 기물이라 하였다. 지구는 허공 위에서 밤낮으로 움직이는 미완성의 한 물건이다. 요즘 나는 서도가書道家 석암石菴 이재성 선생 문하에서, 서예술書藝術의 '빔'에 대한 미학을 경청하고 있다. 선생은 "삼라만상은 제 몸을 통해 서체로 드러나는 천문天文·지문地文·인문人文의 문장"이라고 하였다. 초서는 들녘의 여백을 통해 풀草이 쓰는 기운생동의 바람체라 하였다. 점획의 변화와 의태가 무궁무진하다고 하였다. 한시의 생략과 압축의 묘는 초서와 빼닮았다고도 하였다. 움직이는 사물의 생리야말로 행서의 좋은 본보기라 하였다. 자연스레 물의 흐름을 좇아, 천지 사방에 그 붓을 맡긴다고 하였다. 예서는 추사의 말을 빌려 "모질고 굳세며 예스럽고 졸박한 것으로 으뜸을 삼아야 하며, 가슴 속에 맑고 드높으며 고아한 뜻이 서체에 녹아야 한다"고 하였다. 필의筆意는 문자향과 서권기에 절실하게 스밀 때 풍격이 높다고 하였다. 해서는 자신을 속이지 않는 무자기毋自欺의 필정筆正이라 하였다. 바름과 곧음이 본보기라 하였다. 최근 나는 선생이 평생 추구해 온 한글 서간체를 임서하며, 그 고졸함에 대해 깊이 궁구하고 있다. 하여, 선생과 나는 작설차를 앞에 놓고 시간 가는 줄 모르고, '사물'과 '시인·서예가' 그리고 양사를 매개하는 '언어와 서체'의 내력에 대해 자유분방하게 문답한다. 선생은 지극히 '차茶'를 사모하여 차시를 서간체로 정성껏 써서, 시절 인연이 닿는 분들에게 보내는 것을 즐겨 한다. 특히 승려 소암 윤구봉의 시집『산다화山茶花 피는 날』속에 수록된,「홀로 존재하는 것」,「가슴이 아름다운 사람」을 다시茶詩의 백미로 꼽는다.

차는 혼자 마실 때 신神이다
속俗을 떠나 성聖에 들어가나니
둘이서 마시는 차는 승勝이다
청담淸談을 나누니 한적하여라
셋이서 마시면
유쾌하므로 취趣라고 하네
무슨 일이든 셋이서 하면
신심치 않아 좋은 일이다
네다섯이 차를 마시면 시施란다
목마른 사람에게 그냥 물 주듯

어려운 사람에게 적선하듯

차는 사람이 적을수록 좋고
술은 많을수록 흥겹다
차는 조용하나
술은 번다하나니
차를 마시면 정신이 맑고
술을 마시면 긴장이 풀리네
육우陸羽는 말했다
차는 적막할수록 좋은 벗이고
술은 울적할수록 명약이라고

—소암 윤구봉, 「홀로 존재하는 것」 전문

광활한 우주 속에서 참 자아를 찾아 목숨을 건 자에겐 차茶는, 신神이다. 육신과 정신을 불멸의 경지까지 끌어올리려고 용맹 정진하는 수행인에게 차는, 성聖이다. 고요하고 적막할 때 차는, 시인 묵객에게 좋은 벗이다. 시 「홀로 존재하는 것」은 다선일여의 경지이자, 다시일여의 격조를 지녔다. 석암 선생은 「가슴이 아름다운 사람」을 하도 많이 필사하여 암송할 정도이다. "아침 연못가 갓 핀 수련의 청초함과 순수함이 떠오른다"고 하였다. "한 오백생 같이 살면서" "호박빛 차 한 잔 같이 마시"고 싶은 사람을 기다린다는 시인의 시구를, 선생은 가장 아껴 보았다. 찻잔 속 빈 공간이야말로 다도의 '미완성'의 극치라고 하였다. 나는 선생에게서 처음 이 시의 체본을 접하곤 수십 번 임서하곤 하였다.

가슴이 아름다운 사람과 만나고 싶다
아름다움을 보면 감동할 줄 알고
글썽이는 눈물을 보면 슬퍼할 줄 알고
불의를 보면 분연히 떨칠 수 있는
가슴이 따뜻한 사람과 만나고 싶다
그런 사람이라면 차 마시고 시 읊고
한 오백생 같이 살면서 피와 살 섞어도
아름답고
상쾌하고
향기롭다
해 지는 저녁노을 같이 바라보면서
아침 이슬 같이 밟으면서
호박빛 차 한 잔 같이 마시면서

머리가 수정같이 맑고
가슴이 불같이 뜨거운
느낌 있고 눈물 많고 차가운 사람아
용기 있고 슬기롭고 정다운 사람아

차 한 잔 마시고 싶다
차 한 잔 나누고 싶다
옆에 있어도 없는 것같이
옆에 없어도 있는 것같이

—소암 윤구봉, 「가슴이 아름다운 사람」 전문

「가슴이 아름다운 사람」은 막힌 데 없이 흘러나온 서정시이다. 소암의 시집 『산다화山茶花 피는 날』은 보기 드문 다시茶詩의 꽃밭이다. "가슴이 따뜻한 사람과 만나고 싶다 / 그런 사람이라면 차 마시고 시 읊고 / 한 오백생 같이 살면서 피와 살 섞어도 / 아름답고 / 상쾌하고 / 향기롭다 / 해 지는 저녁노을 같이 바라보면서 / 아침 이슬 같이 밟으면서 / 호박 빛 차 한 잔 같이 마시면서" 이 시구를 대하면 왠지 모를 뜨뜻함이 가슴에 꽉 차오른다. 한 오백 생 같이 살면서 호박 빛 차 한 잔 같이 마시고 싶은 사람을 기다린다는 것은, 꿈꾸는 것처럼 행복하다. 소암의 이승에서 가진 그 귀한 마음이 내 온몸과 영혼 속에 깊숙이 스며드는 것은, 나 또한 그리움이 많기 때문이다. 소암의 시엔 어쩐지 그 옛날 이루지 못한 어떤 사랑이 쓸쓸하게 비쳐 보인다. 산정에 앉아 저녁노을을 보며 "옆에 있어도 없는 것같이 / 옆에 없어도 있는 것같이"를 읊조리면 모두 시인이 되겠다. 그 허공에 번지는 노을의 붉음도 붉음이려니와 조금씩 잠기는 산의 적막이 산

자에겐 속 깊은 울음이 된다. 이 시는 낭송하기에 참 좋다. 무대는 언덕 위 연못이 있는 산사가 좋겠다. 수련이 흰 꽃빛과 연분홍 치마를 걷어 올리고, 수면 밖으로 막 꽃 필 때면 더욱 좋겠다. 개울물 소리 새소리 바람 소리가 초록 잎사귀에 사운거리는, 봄과 여름 사이 산사의 목어 소리 들리는 노을 무렵이면 더욱 좋겠다. 강은일의 구슬픈 해금 곡 「비에 젖은 해금」이 산 그림자 속으로 울려 퍼지면 금상첨화이다.

나는 일주일에 한 번씩 서예 가르침을 받으러 서실에 들르곤 한다. 석암 선생에게서 들은 당경唐庚(북송, 1071~1121)의 일화는 오랫동안 마음속에 남는다. "그 몸의 생김새를 보면 붓이 가장 날카롭고, 먹이 그다음이며, 벼루는 둔한 물건이다. 어찌 둔하게 생긴 것이 장수하고 날카롭게 생긴 것이 요절하지 않겠는가? 또 그 쓰임을 보면 붓이 가장 많이 움직이고, 먹이 그다음이며, 벼루는 고요한 물건이다. 어찌 고요한 것이 장수하고, 움직이는 것이 요절하지 않겠는가. 여기서 나는 양생養生의 도리를 터득하였다. (…) 그것은 둔함으로 몸을 삼고 고요함으로 쓰임을 삼는 것이다." 선생은 바른 자세에서 바른 필법이 나온다고 하였다. 필획은 끊어져도 뜻은 이어진다고 일렀다. 글씨는 그 사람 자체이다. 호흡에 집중하여 단 한 번에 긋는 정중동의 예술이 서예라고 하였다. 먹색의 오채는 정신의 무늬에 비견된다. 붓은 서예가의 신령스러운 기운의 요체라 하였다. 붓은 추상과 조형을 통해 "생명의 울분과 절규의 공간으로, 때로는 생명의 조절과 절제의 공간으로, 때로는 생명의 질서와 통일의 공간으로, 때로는 생명의 조화와 화합의 공간으로 다양하게 표출된다."(송하경, 『세계화 바람 앞의 동아시아 정신』 p.31)

예술은 '미치지 않으면 미치지 못한다(不狂不及).' 선생은 자구를 삼천 번씩 써야 제 것이 된다고 하였다. "죽기 살기로 쓰면 하늘이 알고, 땅이 알고, 붓이 알고 종이가 알고, 마침내 몸이 안다"고 하였다. 서書는 점과 선, 발묵과 농담의 예술이다. 운필은 멈출 때 멈추고, 감을 때 감고, 힘을 줄 때 주고, 마침내 중봉에서 매듭이 나온다고 하였다. 걸작을 남기려면 천하 명작을 구경하라고 일갈하였다. 선생은 젊은 날 추사의 전 작품을 임서한 광팬이기도 하다. 공간 미학을 추사만큼 잘 장악한 서예가도 드물다고 하였다. 추사는 주역과 음양체의 토대 위에 온갖 획의 강약과 고저장단을, 예측 불가능한 예서체로 일필휘지한 서예가라 하였다. 특히 그 기괴한 장법과 냉금지에 막힘없이 써 내려간 추사 행서의 율동미와 비백을 극찬하였다. 하여 석암은 추사체와 일중(김충현, 1921~2006)의 한글체(판본, 궁체, 정자, 흘림)를 흡수하여, 독창적인 석암 서간체로 절치부심 중이다. 석암의 서간체 작품을 펼쳐 놓고 바라보고 있으면, 가는 획과 굵은 획, 긴 획과 짧은 획, 강한 획과 약한 획, 둥근 획과 각진 획들은, 참으로 섬세하고 고졸하고 아름답다. 서간체야말로 시 행간의 맑은 느낌을 표현하는 데 가장 적확한 서법 같다. 예술 작품은 기존 작법을 무너뜨릴 때 '미완성의 완성'이 된다. 쓰는 만큼 보이고, 보이는 만큼 나아가는 것이 서예이다. 시와 서書의 절묘는 여백미에 있다. 서예의 처음과 끝은 일필휘지 기운생동에 있다. 예술은 도끼를 갈아서 바늘을 만드는 과정에 비견된다.

자작시 「미완성」은 석암 선생님에게 헌정되었다. 언제나 나는 "장미"의 꽃빛보다 "미완성"의 붉은 향기가 좋았다. 대숲 사이 달빛이 "색"칠하지 못한 바람의 사운거림이 좋았다. 꽉 찬 이미지의 범람보다, 텅 빈 시 행간의 울림이 가슴에 더 와 닿는다. 오직 이 순간만을 파고드는 집중, 미완성으로 가는 길목은 적요하다. 머무는 곳마다, 서 있는 자리마다, 미완성의 시가 태어나는 곳임을 자각한다. "뛰어난 기교가 어수룩해 보이는 이치를 가늠한다."(노자) "궁하면 변하고窮則變, 변하면 통하고變則通, 통하면 오래간다通則久"(주역)는, 그 미완성의 극極을 사랑한다. 하여, 미완성이여! 다가오니 형체가 없구나, 만지니 감촉이 없구나, 소리가 너무 커 들리지 않는구나.

네 그렇게 올 줄 알았다

장미는 너를 베었고!

그녀는 피를 묻혔다

달빛에 젖은 건

기껏, 색色이었더냐

몸이 칼을 받는구나

늑골에 물이 괴었다

또 귀鬼가 보이는구나

쓸어 버려라, 바람아!

네 그렇게 갈 줄 알았다

불길보다 더 빨리 타올라

관棺을 덮으리라

어둠 속 손을 넣은 자者,

오, 발목이 잘린 시여!

—「미완성」 전문

하여 나는 밤마다 시의 "피를" 묻히러 백지 위에 면벽 수행을 한다. 비극이야말로 은유의 몸을 연다. "오, 발목이 잘린 시여!" 화석화된 형식을 부수고 파격을 몰아붙여 정격적으로 치고 들어간다. 무지無知의 미완성만이 몸에 "칼을 받는"다. 사무치게, 절실하게, 더 깊이, 시의 몸을 찔러야 한다. 불가능의 시학은 "누골에 물이" 고이게 한다. 대상을 버리고, 실재를 버리고, 그 소멸마저 버린 시허詩虛가 미완성이다. 언어는 언어 이전의 '숨'을 몰아 쉴 때 극에 달한다. 하늘이 내린 것을 찰라에 받지 못하면, 시는 영원한 미궁에 빠진다. 미완성은 바탕이 없다. 속수무책인 미완성을 따라가면 "귀鬼가 보"인다. 하여, 나는 "쓸어 버려라, 바람아!"하고, 그 미를 탄식하였다. 미완성은 천경天鏡에 비친 기물이다. "불길보다 더 빨리 타올라 / 관을" 덮는 어둠이다. 명시는 '존재와 비존재' 사이의 떨림과 울림의 비밀이다. 직유와 상징을 뚫어야 깊다. 언어의 피가 돌고 살이 돋을 때까지 사물의 심장을 파먹어야 한다. 천하는 천하를 숨기는 방식으로 드러난다. 알지 못함을 아는 것이 '미완성'의 출발이다. 하여, 미완성은 그윽하고 묘하고 신령스럽다. 천지는 시의 한 뿌리요 만물은 시와 한 몸이다. 궁극으로 만물은 생사의 미완성의 노래다. 봄은 여름 속에 숨고, 여름은 가을 속에 숨고, 가을은 겨울 속에 숨고, 끝내 겨울은 시의 미완이 된다.

김동원 시집

빠스각
빠스스각

초판 1쇄 발행 2022년 3월 15일

지은이 김동원
펴낸이 이은재

펴낸곳 도서출판 그루
출판등록 1983. 3. 26(제1-61호)
주소 42452 대구광역시 남구 큰골 3길 30
전화 053-253-7872
팩스 053-257-7884
전자우편 guroo@guroo.co.kr

ISBN 978-89-8069-463-1